紹興大典

史部

光緒上虞縣志

8

中華書局

上虞縣志卷四十三

文徵内編

制誥　奏議

勅廣西道監察御史倪元珙　明　倪元璐

勅曰夫囊斧在握鉊鐸四下怯夫奮心舒壯頰舌斯不難也若乃董宣洛令崔發鄭宰項彊貴主威行猂涓事之難爲有如超海且夫氣持則法立也朕求法官必取之健吏以爲擊物無鈌惟純鉤湛盧爲可恃耳爾具官某家起新都禍期逆豎時則匹夫懷璧較尉摸金元禮受告密之封

朱勔領應奉之使湘山可赭歷陽幾湖而爾乃奮身以持致命不顧當此之時爾覩湯鑊則猶沭泉卒使虓虎坐馴驚魚不害朕是用報以執法資其讜忠爾則糾奸遂艮梳疑剔伏至言新語轢賈淩山以其前有履虎之貞固當不難嬰龍之論夫爾之鯁固比于原泉有本而不涸也茲以覃叙仍授爾階文林郎錫之勑命今朕之意欲使天下後滌著新如日火顧惟御史埋輪攬轡可得爲之然使爾以今曩之注分於鈎瓦則道不行矣故曰剸足適履毀方爲圓言隳趨也爾豈以滫井而羸缾哉朕勗子則以羔裘之

詩曰彼其之子舍命不渝

右倪鴻寶擬制誥見代言選恩覃部文文起曰弟草兄制自曾子開韓持國之後又見鴻寶誠爲盛事

論守禦大計狀

宋　李　光

臣以孤蹇無能之身蒙陛下起之流落放棄之中更歷内外浸冒器使十稔于兹布衣衡茅之士遭遇如臣者果幾人哉顧惟天地父母之恩雖碎首屠肝豈能稱塞臣到任未幾恭聞大駕移蹕平江府將親御戎輅誓師兩淮此臣捐軀効命之秋念方拘縻郡綬留滯海濵上之不能吐奇

策以佐軍謀下之不能執干戈以衛宗社乞扈從則貽干進之譏獻謀議則與空言之誚夙夜憂忩莫知計之所出臣聞忠臣不以出處二其心正士不以險夷易所守臣豈敢預憂小人不根之言遽有所畏避哉況臣陛辭之日陛下嘗許臣以言倘有所見其忍緘默臣伏覩關報劉光世張俊捍禦大敵三捷繼聞海寓流傳孰不慶幸然臣聞強敵擁兵淮陽宿亳之間坐觀勝敗此其志不淺趙充國之擊敵以殘滅爲期孫權每戒江上諸將不貪小利臣是以未敢以諸將奏捷爲喜而方以金國大隊深入爲憂昔楊

珉問朱伺曰將軍前後擊賊何以每勝伺曰兩敵共對惟當忍之彼不能忍我能忍以是勝耳漢祖與項羽對壘晉宣與諸葛亮相持方形勢未便孤軍遠來未嘗與之爭鋒周亞夫深壁以卻吳軍光武堅營以降銅馬此皆已事之驗臣觀今日敵人布置必有主謀願陛下勿輕此戰今朝廷所恃獨一韓世忠彼必以精鋭當之而劉麟輩出沒光黃廬壽間以牽制諸將而分吾力金兵必自淮揚以入楚泗若社稷之靈世忠足以禦之則無復事矣萬一衆寡不敵便有瓦解之勢昔楚屈完謂齊桓公曰楚國以方城爲

城漢水爲池雖君之衆無所用之魏文帝至廣陵見波濤洶湧歎曰此天所以限南北也兵法謂善守者敵不知所攻今陛下巳據東南形勝之勢敵人萬里遠來投兵死地利於速戰而不利於遲久今不務持重而誇一世之功決一旦之命臣恐正墮敵計非策之得也臣狂瞽之言曩備數從列方閒燕進退造膝之語所謂萬全之策嘗爲陛下陳之矣金國往年來狩無所得去冬又無所得而去士馬折傷固已大半異時雖欲復驅衆攻我孰肯爲用者此乃坐制强敵之術臣愚伏望陛下戒勑諸將各務持重不過

隱忍三兩月間彼師老食盡然後廣設方略出兵追擊或邀其歸途我得勝算矣僞齊恃金爲强金師旣退則劉豫父子豈能立國乎復宗祖之故疆還二聖於沙漠當在此舉惟陛下特加聖慮臣狂愚冒昧無任惶懼激切待罪之至謹具狀奏聞伏候勑旨

劾嚴嵩疏

明　徐學詩

刑部江西司署郎中事主事徐學詩謹奏爲奸貪輔臣欺君誤國乞賜罷斥以清國本事頃者京師戒嚴畿甸被兵焚殺之慘前所未有致廑皇上勑諭文武羣臣凡有見聞

人人盡言昨又指示部院科道諸臣仰見皇上憂勤惕厲之心先事預防之慮羣臣莫不震疊思效條舉目陳而未嘗有探本之論盡言於皇上者臣備員郎署非不知隱默遷延可以苟祿全身而出位言事罪不容死伏念委質爲臣身非己有覩事積憤義激於衷又遵奉聖諭人許盡言所以不避貴勢冒昧陳之臣惟外攘之備在急修內治內治之要貴先端政本歷觀前史得人則理匪人則亂其言似迂其應如響竊見大學士嚴嵩位極人臣職司政本奸險莫測貪黷無止以內勳貴之交結以外羣小之趨承賄

賂塡門舟車載道凡文階武職自布按叅遊以下瑣瑣無
論至於巡撫總兵等官每一遷擢例索銀千兩諸他珍奇
玩異之物擅擬上用者難以數計蓋不如是卽不能安其
位凡此非扣軍衣糧則剝民脂膏而來也故嵩每歲四季
遣家人數十輩回籍樓檣坐船更番迭運擅役夫隸冒支
關廩沿河驛遞州縣望風迎順嵩輔政十年不爲不久不
爲不專大臣不法小臣鮮廉民貧軍削日甚一日釀成國
患其所由來漸矣而嵩猶泄泄焉自爲得計日肆欺罔臣
嘗記嵩往歲叅論序班龔桔等疏內無故自表云寸絲尺

帛不敢收受門可羅雀等語萬目所視萬手所指將誰欺
欺天乎然此特無事時耳見今邊事孔棘武備廢弛正宜
張皇六師克詰戎兵之日況身居元輔世受皇恩如嵩者
尤宜食不下咽寢不帖席創往更新捐軀殉國圖贖前愆
而何謬引老子佳兵不祥之說以謾清問且貪饕如故恬
不知省蘇州總兵羅希韓奉旨拿問嵩子太常卿嚴世蕃
接收失事問革李鳳鳴銀二千兩囑伊代任他日鳳鳴必
將掊尅軍卒取償倍利尙安望其練精蓄銳爲京師之屏
衞哉漕運總兵缺員世蕃又接收年老昏庸郭琮銀三千

兩囑伊推補他日琮必將掊尅軍卒取償倍利又安望其釐奸清弊爲漕河之保障哉此二臣者失事老廢衆所共知又當多事之秋一旦舉而委之重任聞者莫不錯愕問故而臣亦得以知其槪又近日史館書辦例與八品此聖恩也該部未題之先世蕃即邀爲己力而預索顧希曾陳世良銀一千二百兩王府科缺至猥瑣也舊吏未滿之日世蕃即許爲註撥而預受盛克相銀三百兩蓋大而銓曹本兵之選擢起用微而官辦胥吏之營求項撥以世蕃權臨勢託而得美地者十嘗八九臣徒見積怨痛心流毒滿

耳固不能以悉數而亦不敢以瀆聞網利之密不遺鉅細誠前此輔相所未有之貪亦所未有之富也夫嵩節蒙皇上之優賚久叨一品之厚祿歷計不下數萬似可充其欲矣而不知足承平無事賣官鬻爵賂遺請託之贓何啻百萬似可充其欲矣而不知足奈何宵旰不遑國家多事緊急用人之際京師安危糧餉緩急所倚賴之臣而復以賄囑之李鳳鳴郭琮爲之不知嵩之心何心也又自九月初旬以來嵩之私宅後門暗集車輛數十搬運行李出張家灣旬日未息本月十三日黎明時分嵩又潛自直所出私

宅看發女轎四十餘頂回去非嵩眷屬即世蕃衆多之妾媵也今潞河樓船一十二號滿載南旋亦自知其非各船封識悉假別衙門名號以誑道路臣聞君逸臣勞又聞主憂臣辱嵩既平時不克任事以成主上之逸臨變又乏籌策以舒宵旰之憂及事稍甯人尙驚洶即顧其家屬重賄悉徙而南以先衆望於己得矣如君父何如國事何負皇上天地罔極之恩積天下神人共憤之禍不知嵩之心何心也臣受職至今每接士大夫論及嵩父子無不切齒痛恨而七八年間竟無一人少敢牴牾誠以內外盤結積久

勢成而世蕃狡驁擅執父政諸衙門奏請稍涉疑畏者必先關白世蕃而後聞凡票擬密經其手故勅旨未下而世蕃卽以宣示於外又嵩權柄足以假手下石機械足以先發制人勢利足以廣交自固乘機搆隙足以示威脅衆文詞便給足以飾非強辯而精神警敏又揣摩精巧足以趨利避害而彌縫缺失其私交密會令色甘言又足以結當路之懽心而緘其口卽巨奸老猾鮮能逃其術者幸今天威在上離照方中先經論嵩者不能顯禍於正言直指之時往往託事假人陰中於遷除考察之際臣晚進不能悉

記姑卽目覩如先任給事中王爔陳瑄御史謝瑜童漢臣等彼時俱蒙聖恩寬宥而今安在哉故天下之人視嵩父子如鬼如蜮不可識度痛心疾首敢怒而不敢言者誠畏其陰中之不測也伏乞皇上勅下科道備加詢訪指實參論如果臣言不妄將嵩父子並賜罷斥別簡忠良委任責成乾綱總攬於穆清之上而六卿分治其職自無阻撓籍脇之患天下官司庶府庶幾革心向化而安攘之政一舉可振內順治而外威嚴尙何强敵之足患哉此聖諭所謂破敵攘外之大端也昔宋臣岳飛以精忠神算之將當偏

安板蕩之餘論天下太平不過曰文官不愛錢武官不惜死而已況今四海一統聖人在天子之位又何太平之難致然大臣不正而責小吏之廉必不可得文臣愛錢而責武臣之死亦不可得今巷街小民亦相語云敵人到門前閣老還要錢有口不敢言況陳列食祿者乎故臣不量孤寒踰分觸權於嵩實無一毫之私怨惡也倘涉虛誣甘受欺罔之誅死無悔憾謹奏

慎簡輔臣疏　明　陳紹

爲慎簡輔臣以崇政本事臣等伏覩邸報八月十五日欽

奉手敕吏部嚴嵩著兼武英殿大學士在內閣同鑾辦事仍且掌禮部事欽此欽遵臣等有以仰見陛下用人圖治之盛心矣臣等竊惟內閣輔臣國初以翰林學士等官入侍備顧問後以六卿兼領其職入閣辦事其於天下之事咸共平章而內閣之寄始重委任之隆亦加于昔矣夫其寄重則不可以輕畀任隆則必期於得人方今以堯舜之主君臨在上固已鞏天下於泰山磐石之安然邇年以來邊境多事征守未息軍國調度之事日夕敷聞而絲綸密勿之任賴以贊襄設非純德之儒宿望之老以充茲選鮮

有不幸負陛下之倚託者切照原任禮部尚書嚴嵩歷任部事勤勞固有可錄然其人外爲謹飭中存巧詐内無可否事多依違競奔趨而賤名檢崇文飾而鮮忠誠至其昵匪人黷貨賂各有指實屢被言官論劾已莫逃於聖明之洞鑒矣今以内閣重寄畀之於嵩臣等仰知陛下爲天下任人必不以輔臣之位私一嵩也然陛下以天下之公心用嵩而嵩或不能以公心報陛下臣等恐其承命之後滌私未盡故態復生必將有忝於成命其何以上副聖天子倚畀之盛心耶且輔臣係表帥百僚之任天下之所望而

觀焉者也如嵩者庸劣素鄙於縉紳識度見輕於士論以之列置具瞻將何以風厲天下羽儀羣工昔唐楊綰拜相京兆尹減騶從郭子儀徹座中聲樂頃刻轉移風采立見宋司馬光拜相遼人戒飭邊吏慎無生事開邊隙遠人戢畏不俟崇朝是二臣之德望素所重於人者然也嵩之被命果有是耶嵩爲禮部止一職爾尚不能盡屢被論劾况今重膺寵命又安望其克勝而無負哉伏望陛下收嵩內閣成命別選碩德重望以充斯任則宗社幸甚天下幸甚臣等與嵩素非相識亦無私憾但稽其素履采之輿情似

有不相協者臣等待罪言官有所聞知不敢隱默謹昧死以聞臣等無任戰慄隕越之至

直陳除逆十當斷疏

明 陳維新

臣海陬賤士遭遇聖明入讀秘書出參諫瑣奇逢榮遘忝竊逾涯圖報之私甯復惜踵頂不爲陛下效其區區况乎事關宗社憂連宮府瞻仰在天下萬世而不能邀聖主一怒之靈以清君側臣實恥之則有如憲臣楊璉所參太監魏忠賢一事嗟乎忠賢至今日而尚望皇上一日之留乎皇上于今日之忠賢而尚以何法寬之乎臣始進不解忠

賢憑藉何因抵飾何指惟直據理虛觀揆形酌勢請言陛下不容不斷者十從來已發之奸慮深走險況朝夕左右皇上安乎諸臣可代爲皇上安乎令一孽留而中外盡處于惴懾之地不斷之何以釋危疑此當斷一從來臺省職司糾彈一經指摘卽大僚引身今以同朝請劍而藐若罔聞豈忠臣矢報聖主虛懷而輒欲以逆豎阻敢言之氣不斷之何以息議論此當斷二自忠賢督廠以來非刑立威百金之家夜不貼席一聞參疏長安走卒兒童歡聲遠邇頃見聖意未決而仍是洶洶重足矣何忠賢一去留乃關

人情舒慘若此不斷之何以收人心此當斷三自忠賢專擅以來謁者監紛紛冒膺范皇親敢爾聯姻不軌不法莫此爲甚我皇祖初年亦嘗寵用馮保張鯨一二臺省疏糾即賜處分籍其産明例具在今逆浮二豎而一創猶賒不斷之何以伸國法此當斷四宫闈已事未敢深言但據枷死皇親家人一節尚復知有三宫乎一旦傳響外廷忠賢即横豈不憂危臣又不知椒掖之憂危若何矣不斷之何以安宫闈此當斷五邇來絲綸不信票擬相懸遂有中外否隔之憂但據傳奉一事日闕閣門把持朝政令天子不

得有其明宰相不得有其職言官不得有其是非成何世界不斷之何以清朝宁此當斷六皇上加意懲貪而亦知忠賢長安第宅雲連西山招提日麗乎别墅郿塢此從何富以此佐遼不愈于竭生靈膏血以奉軍旅不斷之何以懲貪風此當斷七以皇上鋭意嚴明而亦知忠賢涿州之墊道僭擬乘輿飛騎之擁呼驚傳駕至乎以至三日偶出而司禮應票者閣筆以待已發者急足以追蓋左右近習知有忠賢不知有皇上之日久矣不斷之何以攬主柄此當斷八太祖之制内臣不得典兵猶就外地言也未有握

兵禁地伏金虎于宮隣名借未然勢張自衛包藏叵測識
者危之兕寸刃之禁國制昭然今使交戟之下鼓礮金戈
豈止寸刃已哉萬一不戢之焚變生倉卒試問忠賢將何
以應不斷之何以弭隱禍此當斷九日奉明旨切責各衙
門玩愒成風紀綱法度十未得行一二赫赫天語諸臣誰
不悚承獨念今日壞法亂紀孰過忠賢願皇上法行自近
又聖諭謂朝端不宜紛擾今舉國爲忠賢一事如沸如鬨
令忠賢一日在側臣恐支節愈滋紛囂日甚不斷之何以
定煩爭此當斷十嗟乎蕭望之困一石顯元帝之不斷也

曹節肆陳竇之誅隨釀黨錮太后之獨豫未忍也劉瑾稔禍縉紳特武宗一時不忍其後夜分一奏立剪窮兇繇此觀之安危呼吸所關斷不斷豈尟小哉今者皇上爲後日之忠賢計當斷即爲昔日之忠賢計尤當斷若忠賢自計爲今日之忠賢當求皇上之斷爲後日之忠賢尤當日夕叩頭涕泣以求皇上之立斷臣言至此當不再計伏惟聖明省覽立賜施行

辨熊經略功罪疏

明　徐爾一

考選候補工部主事徐爾一奏爲遼去勞空而言無不中

之屢疏猶在竭忠被謗而甲禍移乙之慘戮前無伏乞聖
明立賜昭雪以鼓士氣以彰恢復事臣竊惟恢遼所以久
無成績者繇刑賞不平人心不服而最大莫如熊廷弼一
案夫廷弼以失陷封疆至於傳首陳屍籍産追贓而臣按
當年疏揭塘報轉覺其罪無一據而勞有足矜者何謂罪
無一據謂不死守右屯而是時廣甯十三萬兵馬數百萬
錢糧盡是王化貞掌管廷弼才截留得援遼兵五千人駐
右屯距廣甯四十里耳化貞方無日不言進戰言殺敵而
忽同三四百萬遼民霎時盡潰當是時弼得此五千人不

同潰足矣尚望其屹然堅壁哉而弼罪安在謂不早見事幾而當其按遼時卽疏策敵盟必寒最後與化貞共事化貞仗西部進戰而弼云必不足仗化貞信李永芳內附而弼云必不足信無一事不力爭無一言不奇中而無如當日方信嚮化貞轉責其不能和協撫臣而弼罪安在謂責在經略而經略無其實如屢疏爭各鎮節制不行而部覆高閣束之屢疏爭原派兵馬不與而部覆又高閣束之如云名是經略便得自做主張則自昔以有名無實而稱爲擁虛器抱空名者豈獨一經略哉而弼罪安在謂殺戮太

嚴而當年節節潰逃節節姑容法紀蕩盡獨廷弼至遼始
鳴鼓集衆斬逃將三人曰劉遇節王捷王文鼎貪將一人
曰陳倫又陸續斬逃兵數百人倘亦事理必當如是耶而
弼罪安在須知唐郭子儀李光弼既不免與九節度之師
同潰自應收拾潰兵扼守河陽橋無再住相州坐待思明
縛去之理而今計自廣甯而西只關上一重門限廷弼不
趨扼關門何待史稱慕容垂一軍三萬獨全止是衆無潰
散無再住淝水與晉人決戰之理而弼能令此五千人不
散至大凌河交付化貞事政相類而豈得與化貞之獨管

兵馬錢糧而誤用西部誤信永芳以致潰敗者同年道平何謂勞有足矜當三路同時陷没開鐵北關相繼奔潰時兵逃民逃道哭將哭才有遼陽半個空城未去廷弼經理不及一年而俄而進築奉集瀋陽俄而進屯虎皮驛又俄而迎拒敵兵於横河之上於遼陽城下包磚鑿河列柵埋礟屹然樹一金湯令得終竟所施何至舉榆關以外拱手授人而其如不得少安其位何而今俱抹煞不論當廣甯奔潰時試問在廷諸臣幾人留眷屬在京守關諸將幾人敢寓目關外而當關者慮仍混入敵人奸細閉關三日不

啓衆心洶洶廷弼至關盡勒卸刀馬在外洞開驗放凡二百八十餘萬帶刀騎馬一擁入關不知此日關上風聲鶴唳之兵作何景象在廷不留眷屬諸臣作何鎮定而今俱抹煞不論乃其所係必死則有故矣其才既籠葢一時而其氣又淩厲一世人望之辟易而有與不相下者定是天下第一等有品望有幹局之人而廷弼不量揭辯紛紛致攖衆怒其起殺機是則所由必殺其軀之道耳然而夷考當年爲廷弼或鳴寃闕下或戮力行間如韓爌周嘉謨楊鶴周朝瑞江秉謙周宗建甄淑熊德陽惠世揚及周永春

邢愼言高出胡嘉棟輩三數十人後有一人失足崔魏之門否督臣朱燮元亦西南勞臣聞廷弼按斬爲懊恨嗟吁數日臣時爲屬吏聞其事而當廷弼被勘被逮之時天日輙爲無光此足覩近臣所主遠臣所爲主上干天帝之怒下灰將士之心以致恢遼久無成績者而可不爲急加昭雪乎伏惟皇上裁察施行謹奏

首論國是疏　　明　倪元璐

爲世界已淸而方隅未化邪氛已息而正氣未伸謹瀝愚忱仰祈聖鑒事臣聞持世不平則陰陽之戰起論人失實

則舉措之道乖頃者宗社之靈篤生陛下生知濟以學問乾健妙乎從容大奸霆驅徽猷飈發天如再闢人等更生生平以堯舜爲極軌今乃知有過之者臣非敢爲佞也臣又仰窺聖人無我深嫌門戶之名嚴命重申動以人才爲念純王之心較然天下矣然而皇衷自著其公虛廷議猶存乎我見臣竊惑焉臣以典試復命入都從邸抄見諸章奏凡攻崔魏者必引東林爲並案一則曰邪黨再則曰邪黨夫以東林諸臣爲邪人黨人將復以何名加崔魏之輩崔魏而旣邪黨矣向之首劾忠賢重論呈秀者又邪黨乎

哉以臣虛中之心合之事後之論東林則亦天下之材藪也其所宗主者大都稟清剛之操而或繩人過刻樹高明之幟而或持論太深謂之非中行則可謂之非狂狷則不可也東林所引用者每多氣魄之儔才幹之傑其間不無非類要亦可指數而盡耳而其中則又有泊然無營翛然自遠謝華膴其若脫付黜陟于不聞而徒以聲氣心期遙相推奬此其人尤所謂澹漠甯靜之君子也今而曰邪黨則無不邪黨者矣且天下之議論毋涉假借而尤不可不歸于名義士人之行己毋存矯激而尤不可不準諸廉隅

自後之君子以假借矯激深咎前人于是彪虎之徒公然
起而背叛名義毀裂廉隅矣甚而連篇頌德匝地生祠矣
夫頌德不已必將勸進生祠不已必且呼嵩而人猶寬之
曰無可奈何不得不然耳嗟乎充一無可奈何不得不然
之心又將何所不至哉議者能以忠厚之心曲原此輩而
獨持已甚之論苛責吾徒亦所謂悖也今大獄之後湯火
僅存如西江西秦三吳三楚之間什九名賢半皆豪傑黎
之理數決無沉埋況奉恩綸屢俾酌用而近者任事諸臣
猶欲以道學封疆四字持爲鐵案雖或薄從湔祓未肯力

引同升推原諸臣之心或亦深防報復之事而臣以爲此
過計也水落石出正人相見總爲崔魏之異已即可化牛
李爲同心況年來之借東林以媚崔魏者其人自敗即不
需東林報復若其不附崔魏又能攻而去之者其人既已
喬嶽矣雖百東林烏能報復之哉事理甚明迷者不悟臣
所謂方隅未化者此也臣又從邸抄伏讀聖旨有韓爌清
忠有執朕所鑒知之諭深仰天聰曠然知人則哲如此而
近聞廷臣之議殊有異同可爲大怪爌之相業光偉他不
具論即如紅丸議起舉國沸騰當時任事大臣並皆縮朒

緘默而爌獨侃侃條揭明其不然夫孫愼行君子也爌且
不附況他人乎迨權奸表裏逆焰大張爌以申救抵觸岸
然投劾讀其陛辭三疏字字秋霜一時以爲寇萊復生趙
鼎再出而今推轂不及點灼横加則徒以其票擬熊廷弼
一事耳夫廷弼罪固當誅在爌則不爲無說封疆失事纍
纍有徒而當時議者乃欲獨殺一廷弼豈平論哉此爌之
所以閣筆也然究竟廷弼不死于封疆而死于局面不死
于法吏而死于奸璫則又不可謂後人能殺廷弼而爌獨
不能殺之也又如詞臣文震孟正學彊骨有古大臣之器

鄉人月旦比于陳實王烈迨夫三月居官昌言獲罪人又以方之羅倫舒芬與臣同年同官儕輩憚其方嚴不敢以雁行相蓄而當其去國飄然聳身天際有臣如此自堪千古而今起用之旨再下謬悠之譚不已豈以數十年前有其兄文從龍不逞之事乎夫人知有從龍以爲之兄而不知有文徵明文彭之至德特行以爲之祖父且賢愚相越舜象已然世不聞柳下惠膺盜跖之誅司馬牛受向魋之罰震孟何罪遭此嫌譏將無門戶二字不可重提聊用吏端以相遮抑耶臣所謂正氣未伸者此也總之臣之論東

林不主調停而主別白臣之論韓爌文震孟不爭二臣之用舍而爭一朝之是非伏乞陛下以臣此說申諭諸臣凡于持局用人之際俱不當存形骸芥蒂之心要本公虛以消偏黨其韓爌雖廷論未屬而早奉鑒知之旨何難特命召還文震孟雖俞旨已頒而旣來不簡之言尚冀溫文獎雩於以破方隅而伸正直之氣道無出此者矣抑臣又思故憲臣鄒元標業蒙明旨優卹矣而易名之典似當一併舉行元標之理學宗王文成而鯁直類海忠介宜令該部于二臣之間取衷二字以旌儒碩至于海內講學書院凡

文貞公自有全集行世此疏及下守禦道揆疏兩篇均可删

經筵璫矯旨拆毁者並宜令其葺復蓋書院生祠相爲勝負生祠毁書院豈不當復哉臣草疏畢又竊念部臣王守履以進言之急而犯失儀之條陛下慨納其言而薄鐫其級仰見陛下造就人才之心甚曲而厚也然時經三月懲創已深履端更新萬靈共躍倘蒙矜宥召復原官則聖度極于如天而朝儀亦因之愈肅矣臣無任悚仄待命之至

。讓官黃劉疏　倪元璐

奏爲學行第一詞臣宜留史局微臣自揣不如懇恩換職以全器使事臣聞常才易得奇士難求故席前宣室有吾

久不見之言賦奏上林典安得同時之歎彼皆中主有此勤拳況以陛下理學文明首出千古龍雲道合適有其人而坐使淹沈實可惋惜伏見原任右春坊右中允令聽降黃道周學行雙至今代所稀觀其嫉俗多忤至清絕塵禁近十年日益貧寂瓶鮮儲粟廚或無烟此皆中朝所共知執母之喪廬墓摧毀里衆見者並云曾閔復生其學原本六經博極羣史旁串百氏而澤于仁義道德之旨所爲文詞宏深奇典上淩數代西漢而後莫有其儔然又精洞時宜務爲經世有用之學自天文歷算禮樂名法邊籌財賦

往代今朝典常興革出其胸手悉有成謀陛下試以清讌之暇召見文華或給筆札使條所蓄自可倚馬萬言坐躋董賈此誠天下奇才天爲陛下生此一人使之仰佐天章黼黻一代不可謂之偶然也在今日聞臣此言或以爲疑所謂世人貴耳賤目耳若道周死後數十年天下之推重必有甚於臣言者臣雖愚悖豈敢以身觸雷霆過情獎物郎陛下釋之不誅臣亦懼爲後世所非笑所以推舉本由至誠且道周前因疏救舊輔錢龍錫忤旨降調under幾而其言卒行是則陛下之知道周久矣當道周抗疏之時同輩

聞之並爲危慄而道周以爲惟聖主可與忠言侃然進說此誠至難臣謂陛下今日用人惟當取其伉直有氣節者今人多畏禍自顧其身家又聞者中使卿憲四出動以威倨上官之體加于庶司臣懼海內士大夫之氣必化爲繞柔陛下又可不式怒蛙重摧折之乎然自道周既獲罪而一時論者遂有摘其試錄議及科場以其經史爲子書以其精詳爲孟浪此可歎也又臣仰窺陛下勞于求賢睿懷孜急曰安得不貪財不愛官不狥情面實心任事之臣而用之若以臣所知自黃道周而外又有原任順天府尹劉

宗周者淸恬鯁介其學行正類道周而宗周居尹釐之職則盡力尹釐道周守文史之官則致精文史以此二臣仰符側席猶圭璋之合也今宗周旣以骯髒投閒道周亦以蹇諤承貶天下本無人得其人又不能用則安望天下有爲陛下奮其忠能者乎此皆諸臣之過非昧則忮不以告陛下耳臣聞制世之道非有他端其上用必當材使必稱器其下愚者遜智拙者推能則天下自治臣自量庸劣遠遜道周自道周蒙譴以來臣內愧氣失因其有科場議處未結縮默至今頃經部覆奉旨是臣披胸見心之日矣誠

以臣在詞垣有如鳧雁若道周者使之大承顧問小效編摩必有補益度越時賢陛下幸聽臣言還道周原官而出臣於外承道周所應降官級此猶棄珷玞得良玉也昔孔璋請爲李邕代死柳宗元以劉禹錫母老願以柳易播今道周所遭不至死徙而其才又遠過李劉卽臣自處亦實差出孔璋宗元之下且臣自爲聖朝用人及史局需材之計非爲道周惟聖明垂察

乞歸省疏　　倪元璐

奏爲思親患病不能供職懇乞天恩俯容歸省事臣本惷

愚遭逢聖世翺翔禁近十有餘年清切從容莫如斯職天
地恩重去此無家日月之光尤人共戀故從筮仕至今除
中間兩奉差移未嘗一日稱疾求便獨今以屺悶極念奄
遘沉疴百療不能乃思歸計伏念臣母太安人施氏行年
七十有二體素羸薄不任遠行臣官京師十年之間凡再
往迎不能一至崇禎二年伏蒙聖恩陞臣南京國子監司
業幸以去家一水然猶頁久始就潘輿相聚既歡臣于此
知古人捧檄之意不悟隆恩無極驟又量移時值聖明宵
旰臣母子難同行止自合分襦臣母素賢通曉大義自臣

借計到今二十年間凡六七別卒皆中坦歡顏獨于此行雖誡勉再三而涕淚已出臣旣就道中懷攣攣凡十餘夜不得睡寐抵都雜以塵勞怔忡陡作自去夏五月歷秋涉冬肌肉日消見者憐駭然臣猶自恃中强勉趨朝謁延至新春寖增危劇不復能興先是有臣所知察臣氣色謂臣憂思拂亂不治將深初不謂然今已驗矣京師如海然獨無醫卽幸有醫亦無治臣之藥臣魂逐親廬而求生都市雖使盧扁傾其上池亦豈有濟哉以臣迂拘木强不能逢時纂述舊聞無編摩之效感歎時事無論思之功卽使其

親未老其身不病猶當引分求罷以誠侏儒況負烏私命
危朝露疾痛如此能不呼天倘蒙聖慈矜鑒立俞所請俾
得就此春和生出國門生入里門一見臣母縱塡溝壑靡
所憾恨所有承派實錄先經力疾纂修謹一面繕寫次第
完繳無敢荒率緣伏枕閒恭遣義男倪安代齎具奏上聞

三乞歸省疏　倪元璐

奏爲天恩甚重臣病實深補牘申祈乞允暫歸就醫俾甦
殘息事頃臣患病哀陳徼恩下部吏部覆臣病眞應放奉
聖旨經筵史局需人倪元璐著恪勤供職不准回籍欽此

臣從枕間扶掖拜誦溫文悚感涕泣小臣蟣蝨荷注諭留
聞者悉驚以爲異數臣自分即旦暮死忍更言歸既又圖
迴臣病多端而怔忡脾注爲甚自客夏至今百療不瘳今
年從五月杜門調理凡逾百日反致鬱火蒸騰幾即危隕
近幸火怒稍衰而心脾本病乃彌沈劇自與人語至一再
往復或小注思即悶煩中戰如鹿駭奔仰視屋梁動旋如
盪一燈熒然望猶黕漆臣心知此候非佳日抱憂懼然臣
所以亟請求去既由恩母亦以京師鮮醫自歲餘來延召
數十水石罔投臣鄉中有名醫孫一臨凡遇艱危之症應

手卽除今其人老矣冀及其未死就與之謀苟其刀圭有
靈臣事陛下之日甚長也故復昧死從陛下乞一年之假
臣遭際聖明備員侍從論思啓沃出則徼有事之榮偃仰
棲遲入則享無事之福自盈朝鞅掌奔命之士企爲仙曹
身非土木胸心並具獨何爲背違明主厭薄榮名釋其鳳
池之安而波波道路乎哉陛下仁覆天下其于文學近臣
亮尤軫體必疑臣假託請令詹事府堂上官公嚴查勘果
爲欺罔規便雖承大戮所不辭也緣臣虛羸不能車馬舟
行蹇鈍轉眼河冰所爲急呼亦慮窮途之哭伏望聖慈矜

惻命臣暫假就醫從此餘生皆陛下所賜臣見經筵林列皆賢者又臣所承派實錄既告成纖閣纂修之事亦不需臣臣即留不過保殘視蔭糜大官之俸已耳臣不勝哀切待命之至

四乞歸省疏　倪元璐

奏爲講筵暫撤子舍久離申籲聖仁錫類歸省事先是崇禎五年臣以母老身病疏求賜假省親就醫自春涉秋凡三瀝請終不蒙允重以温文臣感激殊恩遂且抑情忍死冀踐一期乘間補牘不悟昨歲日講缺員閣臣據資以臣

名上弇辭不遑旋奉俞綸臣自惟碌碌簪筆十餘年無所効誠得稱引古昔攄竭工瞽或亦臣母聞而意心以此矯厲少紓明發今歷春冬講席再撤而碌碌猶初是則臣智識淺渺納誨無能之明驗也既自慚赧烏私益深當臣始陳臣母時年七十二衰矣今又二年豈反益壯又臣向以離養三年鬱陶病困幾至危殆今積五稔豈更泰然前日陟屺叩閽之心置何地乎臣嘗讀詩至四牡之章其臣不言而其君則爲之言曰是用作歌將母來諗春秋左傳潁考叔懷羹遺母稱之曰純孝由此而推使其臣自言必益

軫禮而有食于君側不思其親者聖人之誅之豈待問哉又臣觀唐臣陽城爲國子司業引告諸生曰得毋有久不養親者乎明日告歸者二十輩三年不歸侍者黜之魏公子無忌率師禦秦令其軍中曰獨子無兄弟者歸養夫二臣之志本在于徵材集衆而其所令適便私謀麾驅使去恒人觀之竊疑其弁然二臣以爲人苟不懷其父母甯復可與學道圖功若其有懷中亂又縶維之學亦不成功亦不出夫勵世之術以忠孝予人以功能歸國二臣皆有取爾也遭逢陛下聖明興勵德行所求乎天下則豈可不自

近臣始乎臣敢遠引前講官李明睿近援左中允李建泰爲例仰冀同仁苟荷矜俞臣母子銜結何紀臣不勝惶悚待命之至

七乞歸省疏

倪元璐

奏爲臣病痊可無期臣母衰孑堪念伏乞聖慈憐臣先後累請激切至情特允歸省事臣於四月二十八日以夙疾舉發具奏請假奉旨准暫假調理臣感激聖恩安意調養既復十日醫藥罔裨臣固知療臣此病不關醫藥凡病必有由藥期對症臣所感怔忡痰泄等患明因別母而起因

思母求歸不得而劇烏鳥之私先後陳請亦旣五六以至于今母年日益臣病日增卽臣言歸豈假多說祗以臣母行年七十有五又臣通籍十四年官京師者十二年未曾一日迎養又臣自庚午至今違顏六年臣何能不力求歸苟不得歸臣病又何能愈然臣更有瑣屑微情爲陛下殫陳之臣所受先人數椽火焚蕩盡臣母于是迄無甯居又臣行時以臣母之命攜家赴京今子女悉依臣所臣同母一弟讀書他邑定省不能時至臣母眼前寥然獨女婢二三人耳每得臣母家書輒歎淒寂臣今坐處誠若針氈又

臣異母弟生員元瓛少有至性昔年庶母李病革元瓛割股肉方寸雜糜進之卒亦不效遂至毀羸尋感奇疾于今四年殆者數矣臣母憐之尤甚于臣臣身沐恩光出依日月入擁妻孥獨使衰母病弟棲止敗垣愁𢙣相向肝心何在得以晏然于此晏然是其心已死矣甯復久存長事陛下乎伏望聖慈矜憐特允暫歸無論生死皆有銜結之日臣講讀最無能今詞林藹藹求如臣者豈患無人又臣觀晉太子洗馬李密陳情切至一請卽得後世以爲其君至仁陛下誠卽放臣天下必且謂陛下曲體儒臣恩宏錫類

聲頌無紀且臣以五品小臣積歲累陳輒被温留疑於體制亦不符協惟陛下審察施行臣不勝哀切

守禦遏援疏　倪元璐

奏爲急聞賊至敬陳守禦遏援之策事臣於本月朔日謝筦部務專供講職毣毣之誠未能解主憂而紓國恤中夜傍惶實深負疚忽聞賊撥已及畢朝驚駭伏想聖明彌加赫怒臣繞牀竟夜眦髮俱裂竊謂天下之事必揆之理數二者以理言之皇上惕厲憂勤絕私寡慾豈一小醜坐聽憑陵即賊智量不過近日之劉六兄弟鄧茂七葉宗留已

耳初極兇殘近施詐譎以狗輩孤羣欲傳檄以定天下讀盡二十一史未之有也若以其數言之賊以今甲申陵犯此爲自刑魏崔浩以庚午自刑料宋必敗此其明徵而歲星以四月炤眞定恢復自茲而始數以佐理未有爽者故臣謂賊今日犯都城必失利去不久當得滅亡臣今徧告諸臣往日不宜如燕雀之處堂此時正當如在山之虎豹臣愚誓以慷慨從容之死不二守之暇整然臣之所以報國者在竭其才智以濟國家之事而已今日人情實爲危急在我應之不容纖錯譬如奕者輸局既急則愈宜審思

投一開子卽失先下一差着必無救也若臣所持惟有四說令內則言守禦也夫派城汛謹非常簡軍實申號令數者守之事而非所以爲守其要在乎選擇將吏鼓勵軍氣安輯人心而已守將不拘文武凡在廷之明敏果幹者皆將也宜勅府部各衙門推擇奏聞仍察嘗經城守著績者不問紳士擢委一同調度串習則能贍志定則氣出耳京軍所闕月餉卽與補給部庫不足借支內帑軍無所顧乃有奮心如賊果逼城須重懸賞格又饗犒時須壺飧不絕要在鼓舞無倦人思致死然後退可以守進可以戰今京

營十萬之衆用之登陴不爲寡闕如其未足取諸衛卒不必派役民丁動騷閭左通倉米粟速運入都牛車未足就令京軍負戴用元人董摶宵傳運之法數日可畢軍腹既果盜糧不齎而京庾翼翼于是又可以平價糶濟民間事平買補艮非所難令人心驚涣首宜固結且益下原非損上僅一轉移間而坐奠金湯其一切轉輸則呼召閒民給以常直使累萬饑寒咸得衣食于官亦足內消隱患在外則言過援宜速檄邊將吳三桂將關甯之衆兼程入援三桂既至則唐通有所犄角而自奮二鎮互相聲援并薊津

之兵亦奮矣臣聞甯兵不耐饑勒而吳三桂已晉封五等即非總督監視所得旁撓行間或扼或戰悉聽相機責人奇功宜脫苛令也稍緩則言恢復東急真定西急宣雲賊每得城即席捲輜重以去雖設僞官留兵不多惟使本地軍民護守圖此非難合以畿輔責唐通宣雲責吳三桂力圖恢剿仍察首倡開迎叛縛主帥者立置之法使人畏官而不畏賊然後天下事可圖也若夫要著大謀期于遠收平蕩近捄傾危俱不可望之西北必在東南蓋西北多勇力東南尚氣義須用邊兵之勇力而兵多從賊何如用戰

士之氣義以滅賊故臣嘗奏請留都政令宜與京師並重
近復密奏東宮宜撫軍南出以鼓東南之氣繫近道之心
乃聖明守經以爲不可今賊已逼京人心動搖益須早決
大計號召勤王事機一失後即難追宋康王不出磁人無
所歸心不拜元帥宗澤張俊梁揚祖楊沂中之兵不會使
澤次第進壘之說不沮于汪伯彥則汴圍立解何至顛仆
伏祈皇上參覽前事早奮乾斷命皇太子統師而南選京
營將較併精卒萬人擇廷臣有才望者輔之出于河間德
州之間事急則帥天下兵入援賊退則前駐留都控引淮

徐遏賊轉掠山東窺截漕路誠令兩京奠安命脉流通然後徐用東南以收平蕩又何難焉是四說者奇正並存少縱則逝惟皇上以暇豫之思決勇敏之策宗社蒼生實爲厚幸至諸臣今日各以君父之憂爲急凡所以固國勢而殄寇虐者務迅疾而弗遲疑一切迂愚之論俱當度置高閣若復以文相遜以迹相蒙宋臣有言是猶拯溺救焚而爲安步徐行之計也臣謹昧死上言伏冀聖鑒施行

上虞縣志卷四十四

文徵内編

書

自東山與支遁書　　晉　謝　安

思君日積計辰傾遲知欲還剡自治甚以悵然人生如寄耳頃風流得意之事殆爲都盡終日慼慼觸事惆悵惟遲君來以晤言消之一日當千載耳此多山縣閒靜差可養疾事不異剡而醫藥不同必思此緣副其積想也

與上虞令周君銓書　　明　倪元璐

米價不減而土廩俱盡憂如之何比以歸掃松楸小留祖
舍導宣德意捐俸倡賑爲里各管里年各管年之計唯是
寒門兄弟以遷居會稽附甲無所歸著而寒族又什八貧
困堪充賑戶者不過賤兄弟兩門耳今議以本族自賑本
族不敢以煩他人而凡他族之富貧相等者俱可倣而爲
之若其族之富多貧少者則責其兼賑他姓零處雜居不
成姓族者則責諸其里之富戶是在里長公虛確察庶不
有辜鳩鵠耳又有啟者亂民搶掠一案先之以威嚴繼之
以寬大仇扳必塞牽累必禁可謂操縱得宜之甚而比閭

四鄉尤有小騷者似由一二舊案偶稽結訟而地棍因之以嚇挾差役因之以索擾皆望台丈悉行滌除以示與民更始之意則懷德而畏威者愈大條示宜亟章之庶使窮谷皆知而奸人無所容其鬼蜮耳

復與邑令周君銓書　倪元璐

頃者五都饑民數十人以富戶失賑哀籲道臺并告急於治某時聞道臺徵信其言有怒富戶之色而老母五都人也治某乃急作調停私立勸冊一本老母捐助三十金爲倡傳募諸家諸家固多好義冊到便俱欣然隨力捐賑不

五日事竣而道臺之牌始下治某身與其事斯爲實錄富戶饑民誠兩無可求者也台兄報繳之詞亦惟盛獎富戶樂施計不旋踵之義而曲原飢民歸命語不擇音之情斯爲兩平矣

與從兄三蘭書　倪元璐

役旋知涖任之期攬轡澄清此其時矣夫繡衣整飭官方首以獎廉懲貪爲義第豸臺者百城之圭臬必先自處於潔清無欲之地而後可以激濁揚清轉貪頑之錮習且察吏亦非徒貪墨之謂也周官六計弊羣吏曰廉善曰廉能

曰廉辦蓋守令號稱牧民其大要在於鋤抑豪強字養小弱爬騷地方之利病鈎稽胥吏之巧猾舍此不能則或庸愞而託於朴誠捷給而託於幹辦皆足以貽悞民生兄試平心察之分別黑白貯之夾袋上之封事則風厲所及其有益於吏治也多矣江右土瘠而俗湻足以興起教化要使匡峯鄱渚閒有以神慈頌者斯則儒者救世之雄業不負所學耳

上監工尹先生書　國朝謝鯨

聖天子重念此一方民愼簡李大人巡撫浙江查勘海塘

指示更改修理李大人素知先生愛國愛民德行異等轉
相委重先生仰副　皇上一勞永逸之望下體李公代
牧甸宣之意悉心查勘不避風沙工作細密士民懽慰茲
稟夏蓋山東首石池路向稱第一　患口去年條石難購倉
卒赴工又議者未見　聖諭聾做亂石百丈但用條石
蓋頂不知海水東來蓋山西立風擁浪匯憑空駕溢易傾
多潰近山村落昭然可驗去年十月二十六日署撫憲傳
公接臨對驗惻然心傷面諭本府憲拆換士民輿隸皇天
后土實所共聞隨蒙傅公題請改用條石正月內傳聞

聖旨相慶更生復喜李大人知人善任不委他員而重煩先生豈不以先生已溺爲懷毋或忍隱以狥情面剔弊更新小費而大利暫勞而永逸乎何瞽說欺天訛言惑衆或稱捐築或恃山脚先生試思捐助之義緣於不足今二里海塘實止四百五十二丈四尺合之欽工碑記所載丈尺並未逾額何事於捐況九萬八千錢糧方纔動用不宣君恩而先示臣惠理大不便若山脚之說益屬誣妄勿論舊日塘皆近山今已烏有只看山下即河山固有脚要在河下其不足恃也明甚愚嘗私論石池路形勢譬

如人身中咽喉咽喉一破潮入蓋湖波累會姚兩邑課命
誠不足惜毋乃使　朝廷實心實政以百丈亂石而虧
損縱普天皆土決不終棄而事後補救如　聖諭何鯨
生長於斯深知要害恐先生乍臨僻地而虛紛於衆論鯨
不早爲聲明則我誤先生先生復以誤李大人者誤
皇上矣深感下士之懷輾轉思維萬不容已悚懼拜稟

又上尹先生書　聞人傑

先生勞甚缺然久不候昨謝鯨稟詞戇拙冒瀆尊威聞先
生欲麾諸門外里鄰相對有欷歔泣下者傑甚惶懼謂旋

轉之力全在先生奈何失先生懽但此事不向先生言有
難爲告訴者故復畧爲陳之傑聞滅門刺史茍據理辨爭
寍免一死然不死於言必死於潮與其遲幾日之死而使
肉醬骨泥壓
天子以巳溺之痛何如先幾日而死以
冀攺絃易轍貽三邑以萬世之安如二里石池路處所塘
形陡轉地勢凹縮海潮至此山勒浪匯最易駕越卸塌幸
蒙
皇上恩建石隄奢望此處加厚加高不知何故倒
做亂石百丈但用條石一層蓋頂去年十月廿六日署撫
憲傅勘驗塘工傑等以患不盡除等詞陳請傅大人相度

地方情形合算通報丈數當即面諭府憲拆換府憲亦面
許拆換萬耳萬目喜達都省流寓人等二月間復讀府抄
李大人憲諭內載傳公雖令改正尚未拆換之工有碎小
爛石亂填一連兩三層者仍令改正等語則知石池路百
丈塘除蓋頂條石已下純是亂石豈有反不必拆之理乃
聞執言捐築牢不可破竊思捐築之義或因塘逾報額今
二里仍止四百五十二丈四尺何事於捐或因錢糧不足
而五都　欽工歸於二里錢糧方發何藉於捐若云工房
失報百丈豈蒙創建亘古未有之工人臣敬其　王事

竟不綜覈數目親仗丈尺但憑書役報送之理且郎上虞
果少百丈亦應各都里照數均派何得獨萃二里險要處
所如謂七千丈之外共多百丈則朱大人覆本內止云共
計塘長七千丈是揭朱大人查覈不精鹵莽以報矣如謂
不敢欺　君郡管相臣既知尊　王則工當較後於
欽工胡百丈反裒然居首如謂禦患而救急理例當先則
又不當純用亂石但用條石蓋頂況既捐百丈數應滿足
何於四里陳正處塘又欲築亂石五百丈可知捐築不因
少報而二里之百丈似應凜遵兩撫憲所諭急爲拆換如

以狂夫之言爲不足擇恐東首海塘條石堅固而亂石短小輕鬆難抵怒浪譬諸兵法乘暇危乎殆哉是則傑等皆寄生之人偷以全軀而不得行將仰首鳴號急不擇音以僥倖於萬一雖觸刑辟而誅戮但使遺患得以　上聞一彰

聖明洞見海塘關係民命原期永遠堅固並無僞覆僞載之意則殺一身以報　朝廷傑固含笑入地萬萬無所怨然先生肯一援手救事尚可爲也先生其有意乎則之死而致生之臣僕唯命

對問

金罍山人對

明　陳綍

上虞城西南偏有山踊跱潔立於煙市野水中與雉堞上下老檜脩篁停雲寫霧望之鬱然者金罍山也山之崇不竟數仞廣以畝計者百而巖虞四面多大山皆障起壁絕獨是藐焉蓋魁父然而山稱舊矣志曰漢魏伯陽氏所嘗棲真也迨晉太康中有於此濬井得金罍者故山名云陳子者邑人讀書其山而樂之筊焉將遂據而有之因自署金罍山人或問金罍山人子何選於是夫升高望遠可以曠懷攬幽極深可以怡性迺金罍有一與若吾虞故饒佳

山水諸足以稱子壽矣昔者謝公之屐翩焉猶曰疲於奔命弗之遑也而子果儻然無意乎何以蹈瑫井而雄覩東海與山人對曰唯唯否否誠然子之言然味之酸鹹嗜也子能爲我耶吾聞之即境而適不在高大山曰高乎泰山高矣崑崙俯之俯崑崙者無山與是亦焉所底止如以爲皆山而已矣則嵬乎萬仞非有餘於絶頂之外儉乎一邱非有蹩於容足之中故曰毫末之爲邱山也而何羨乎夫幽顯喧寂而心爲境天下非有眞境也逃名者必山林濫市竊吹者不黷乎誠虚吾之心以遊於世則畔也可藏市

也可隱卽蟻邱有自坛之民而馬門有肥遯之吏由此觀之委順而逍遙矣又何必攬長蘿援飛茎跨穹窿之懸磴歷幽昧之絕徑守枯乎介山發狂乎華峯而后謂之寥朗者哉吾之讀書其山也有年矣蓋私心誠慕而樂之自是而周遊天下衡足之所蹤衡盼之所及以爲未嘗有山焉者固已神恍三山而氣壓五嶽彼會稽四明赤城雁蕩太徼元蓋之天金華寶陀方蓬之島擊雲蔽日喬絕於吳越者舉不足以供吾之一瞬而況百樓五癸蘿巖蘭阜妄有名字於吾虞者乎是何以易吾之處乎問者曰固而不可

徹者子之謂矣抑宇宙此山子烏得晏而有之夫山之一
草木盡屬他人之籍而子將奚攘耶山人對曰唯唯否否
有也者將笥藏而鍵扃耶彼固天地之塊物矣誠會之以
心而游之以神則過而未始留取而孰或禁故天地萬物
而富有於吾性之內者充如也而獨此山也與哉語曰仁
者樂山有其山者也孰謂巢由買山而稱箕山者必巢由
其精神性術旣恒與之宜而氣魄力量又適與之對故生
而以其實契之殁而以其名配之度其賢豪特達感慨而
登臨者古今豈乏之也耶而曾莫與之爭安知金罍非吾之

箕穎也耶問者曰是亦或之然矣藏山於澤夜半有力者不負而去乎夫山人得而有之則魏氏固竊宅於此矣山人對曰唯唯否否斯亦未覩厥理也相尙以道不聞以力元凱之賢而不能與叔子爭一峴首其道貶也夫有對而後與之爭儒者之道無對於天下而神仙者流迺能役其游魂倚險而與吾角斯邸也聲吾儒之說鼓行而前猶有徼乎將圖其督亢縞車服而陳乎道左吾得有斯山信矣問者於是默默不復致辯而去頃之山人亦隱几就睡夢有鬚眉皓潔偉衣冠者肅前曰予山之靈也辱子之不鄙

予甚善雖然辱子守矣擣人者乘其虛子毋適它日馳子以當塗而遺我以空山與則厚顏蒙耻瞋膽而怒目者訌有人矣即山之草木皆敵兵也況宿其不平而何者與山人愧其言蹴踖未對瞿然就悟嘆曰非山君爲我耶儒者之道不茍爲富貴而神仙之所棄也將以贗儒而當眞仙勝負之變倏然移矣然安可終視也耶迺酌於九井之水而矢之曰予它日甘心富貴往而不返負此山也者幸爲賦以招我不然將移文以謝我

序

古文參同契自敘

漢　魏伯陽

會稽鄙夫幽谷朽生挾懷樸素不樂權榮棲遲僻陋忽略利名執守恬淡希時安甯晏然閑居乃撰斯文歌敘大易三聖遺言察其旨趣一統其論務在順理宣耀精神神化流通四流和平表以爲歷萬世可循序以御政行之不繁引內養性黃老自然含德之厚歸根還元近在我心不離己身抱一無舍可以長存配以服食雄雌設陳挺除武都八石棄捐審用成物世俗所珍羅列三條枝莖相連同出異名皆由一門非徒累句諧偶斯文殆有其眞礫硌可觀

使予敷僞邵祓贊慈命參同契微覽其端辭寡意大後嗣宜遵委時去害依託邱山循遊寥廓與鬼爲鄰化形而仙淪寂無聲百世而下遨遊人間敷陳羽翮東西南傾堯湯厄際水旱隔并柯葉萎黄失其華榮吉人相乘負安穩可長生

贈趙漁江序　明　謝讜

曹娥江順流而下二十里許地名西華蓋虞之佳壤也漁江趙公產其間實維眞隱余心雅重之而竊怪其漁之稱也公少炳睿譽業舉子垂十年六經羣籍窮討忘昕夕可

謂讀矣腴畬繞屋驪犢犁雲既種既穫鼓腹以慶有秋可謂耕矣耕則敦本業讀則與賢聖伍二者綽乎心樂之逸塵也漁何爲也哉公聞之囅然笑曰叟知其二未知其一也吾廬距江邊而吾好漁朝持竿而往磯苔印屐馴鷗不飛逾午虛笭怡然歸飯暮持竿而往纖雨忽霽蘋風拂衣凝目霞光不覺白魚之入手也攜而授諸婦烹以椒酌以桑落不數觥酗然醉矣東山月出浩歌滄浪斯時也宇宙不知其寥廓又惡知所謂軒冕若讀與耕則莫敢廢或耕於漁先或讀於漁後三者循環迭應用以終老稱漁江者

舉其尤適者爾余歆之曰有是哉公之樂也余衰甚於拙學樵荷葉山中聞嚶嚶鳥鳴輒思公第未得從公江滸續漁樵問答之休緒云

翊富倉書序　倪元璐

或聞恥曰人不能自食而倚天恥也鄉之人不能自食其鄉而倚國恥也今歲大祲民多死徙於是公私上下皆以成周委積之義爲當求其當事大夫規宏經達慭然聚而謀其大者以求儲於官元璐繭存城曲以拘墟之見退而與其鄉之士大夫娖然謀其小者以求儲於社乃稽古社

倉自隋開皇之制以及唐宋戴冑王琪所修參之伍之要
皆有未協者以其資計威教悉仰朝廷蓋非鄉之自爲功
者也鄉之自爲功者古今惟考亭一法觀所行於崇安之
開耀鄉者綱綜粲然裁成道盡矣然在考亭自爲之則良
他人行之或敝繼此眞文忠行之武安亦良其後人踵爲
之日益敝考亭不曰里社不皆可任之人乎所謂可任之
人者能人義人愼人信人廉人天下苟不得是數者之人
昔之碧血今之冷風悲哉法之倚人行也爲法不能制人
必行而倚人恥也元璐之法察韃省機欲使雖不得數者

之人而亦可不害者則有五道焉曰託卑託卑者何也夫託尊於官郎廢興由官官雖賢三年而權盡崇安之法之所以不復者亦以其後舉倉歸官耳今以土人世其事以中壽量之極其身三十年其子若孫親見其事習其所持各又三十年是則百年常在望也百年之法以官守之須三十人以土人守之父子孫三人而已家無繁令而安里有多言而憚此爲雖不得能人亦可不害者一也曰居約居約者何也千人之聚有田者常數十人若以王戴之法畝責輸升是使數十人共執倉命也此數十人者必有數

儁焉必有數盃焉今約之五人則尊俎揖讓定縱堂皇者
五人耳其千人常在堦下其數十人常在壁上謀靜而專
志咸則銳此爲雖不得義人亦可不害者二也曰絕累絕
累者何也劉晏以假貸非福靑苗直以貸禍卽崇安貝法
後人敗之拘催不堪咸以咎貸是故以粟貸民求息則粟
有再死民亦有再死民頑不時歸粟粟小死歲大饑問諸
鳩饉粟大死以法治民頑民小死春散秋斂五六月間價
踊求粟不得民大死今就糴徵利以平爲功金粟迭處不
離其據此爲雖不得愼人亦可不害者三也曰制欺制欺

者何也大嚼者咋斷其舌左手持鍖右指惕血一身不可相信而況於人乎故鳴鼓雖公不救往過要鼎雖薄不形來慾今質入穀出以鍾易石是使受者不私私者不負驥鶩同櫪不見驥亦不見鶩夷跖弃纏不患夷亦不患跖蚨飛來去倚枕聽之周鄭交質之謀而有邃古結繩之化此爲雖不得信人亦可不害者四也曰藏富藏富者何也過府而戟指者希不有盜心執炙終日甯當不知其味乎寢處京坻而我無與焉不及十年庸人皆倦矣今以爲其家之肥期而歸子旬而歸母後乃盡子困子凡穀六千石受

息一千二百石計上田歲入穀五石千二百石則爲腴田
二百四十畝是則五家子孫世世之業也富此五家而千
家乃不饑食五家於倉而倉乃足千家之食自抱其珠誰
得脫者此爲雖不得廉人亦可不害者五也凡此五者皆
古所未嘗謀自元璐以意創爲之妄計雖甚淺疏斷可百
年而上因著爲說以諗同人今饑民習賑等於驕子更一
年不登誅求富者必立盡此云翊富是爲富者策救使不
得貧耳至所寓意保甲鄉兵云然者安知是倉不爲武庫
耶或疑此法終難行者固也當考亭始議社倉時呂東萊

規以任所難任恐不成功朱呂且然何況今日雖然請自隗始夫衆不可倚也自爲之法不能身先之而倚衆恥也

兒易內儀自序　倪元璐

漢人說易舌本强撅似兒彊解事者宋人剔梳求通遂成學究學究不如兒兒彊解事不如兒不解事也古今謠讖多出兒口卽易寄靈任兒自言必能前知矣夫易固貴兒所以藏身大藏藏筮小藏藏兒筮亦聖人兒天下也天下其危之言以爲兒爲之則可無禍屯之次乾坤此易告難也繼屯以蒙蒙童是兒此易明言惟兒足支難耳子雲太

元童烏共之童烏者子雲九歲兒也

兒易外儀自序　　倪元璐

凡儀所設皆易本情當其會心覺龍馬在側而顧外之者以其假圖召策假版陳圖不免枝遊近于小道又以圖象所涉意在明兒墨守先儒不敢自出而兒得之則生戲謔所以外之也內之視外譬立閨寢觀乎衢巷衢巷蕩雜不如閨寢秘清夫易之爲道固爲轉逐而外者也陰陽大義移而卜筮筮言取易卜言不取易而亦曰易爾其外至於風角烏占青烏祿命亦歸易焉其外至于博奕之戲範圍

錯綜亦歸易焉天下之敢褻用易如此然卽以爲非易所
有又不可也

上虞縣志卷四十四

上虞縣志卷四十五

文徵內編

記

林泉歸隱記

明　張居傑

古虞東郭行不二舍近日朱巷其土廣衍以沃修篁嘉樹蔚然蒼翠廻巒疊巘秀巖屏障清流曲折襟帶乎左右芳野幽禽日接乎耳目是宜隱者之所居也朱氏子徽世居其地外力田園內勤詩書既滋且殖叟質而文其心休休焉以和其貌油油焉以澤樂此林泉之美若將終身焉洪

武中入庠永樂中辟掾有司考最績入銓曹竟以母老疾辭翩然東歸自號林泉歸隱與兄子徵搆同心堂躬孝敬篤友愛延明師教諸子以敦善行縉紳士夫莫不高尚其志而推重之贈以詩章予謂李愿歸隱盤谷初未知合於義否也得韓子之文而名益重人皆爭效慕之然世所謂隱者固非君子之得已也聖人時而行時而止無可無不可子徵之隱時乎否乎吾知子徵抱奇瑰際明時振刷羽毛淩厲霄漢於以世用何施不宜而乃翻然效慕乎愿之樂而林泉以自適也耶噫子徵之隱蓋有不獲已之至情

而又非李愿之可同日語者抱用世之具傷考殉國惻毋嬬居陳情終養官顧不願祿甘永辭超時特出於紆紅曳紫之中浩然長往於丹崖青壁之下蒼頭皓首幅巾優悠藜杖高蹈於雲間塵外之人通而隱隱而通孝亦忠忠亦孝豈絕然果於忘世者也身江湖心廊廟跡泉石行公卿非尋常隱者流也敢記其心於卷末云爾

龍王堂碑記

謝讜

夏蓋山之陰距巔若干武雲巖峭立巖下有潭廣可丈許深不踰尺泉澄澄可鑒冬夏不盈涸或亢旱彌旬靡損恆

浸四旁幽草蔥蒨詭石磈磊相傳有神物出沒其中覩者所稱黑白二龍王是也每歲五六月間見於雲端則歲大稔人咸德之顧妥靈無所祀報弗便余未第時夢示庇佑意甲辰遂捷南宮浩德終不忘乃於辛亥仲春吉卽夫人廟西隙地搬制堂三間左右室各一間甃石爲臺斵木爲龕倩工程國用貌二王而以雷聖處其中蓋鈞有啟文錫禧之澤者也粲然就緒萬旽抃躍慶元靈之永託禱祭之有歸僉請刻碑堂左謹齋沐而爲之銘銘曰應元普化參顯元威神變罔測淵躍天飛赤螭文蛟素幌黝鼉波端雲

際作隊前呼易沴爲祥濟暘以雨畬有稶穲境無歉土佑
彰綏厄拯溺銷戎屢彰厥異並赫其功觀定揆日掄材孔
艮麓基爽塏遹構閎堂滄溟蕩北崇巒障南東列臨岫西
望赭龕檐柏簃松徑箹渚荻露靄嵐橫蒼圍翠積乾坤不
毀茲堂永存昭示遐禩爰勒斯文

遊三湖記　　謝讜

壬寅三月三日蓋山子絜舟載樽偕半塘子遊夏蓋湖柔
風翻袂雲澹絮紛方數里已成輿矣停舟登九峰山廻蟠
若龍叢藹若耀錦鱗訪陳見川不遇復舟至祈山下牧子

競歌雙翟軒翥桃莊杏塢飄旆若招過馮山訪南岡子益醪多篘徵酣縱狂放舟至鏡潭波浮金碎鷁晃弄萍蓋山子扣舷而歌歌曰春日載陽湖溶溶矣春服既成我友同矣時哉時哉思無窮矣於是脩鱗亂躍鱖鯉並泳若起聽歌者過小穴魚舠往來數塢點碧眞天開圖畫也薄暮登驛亭山循厓謁朱買臣廟嵐横霞盡眉月遠天緩步竹旁泉灔灔入耳未幾嘯虎唬猿恐然歸卧篷底明日過石堰進白馬湖綠漾鴨頭四山影落讙聲谷應斜柳拂衣半塘子曰不減夏蓋也登田山又登月山訪趙象山不遇遇三

畏子東五里楊家溪又五里蘿巖山以南岡子三畏子遲於行不往僅三里謁宋太祖廟高松逼漢側磴苔芳可停憩也茆檐雞唱午煙欻飛飲三畏子別墅鳥嚶鳴侑觴過陳石虎嶼訪龍岡散人又偶會海環子相與登龍松嶺坐觀音堂攢峰異卉雲生履外恍乎躋方壺而隔塵世俯視白馬則隘矣散人折纖筍抽螺鱠鯽駴鼉促飲燭再然乃已宿猗圩洞石榻紙幃僊僊如也又明日尋曲徑度三四嶺謁西横塘廟爭取碧桃遂借二小艇汎上妃湖荇絲繫篙銀鷁隊舉三畏子問南岡子曰此何如夏蓋海環子大

笑爲不逮甚也出三條塘更舟至百官謁舜帝廟活石參璐長江流帶會稽諸山鬱鬱送青興不可了忽原舟來迓別散人三畏子而還是游也海環子半塘子俱有龍岡歌南岡子有買臣廟詩蓋山子有懷舜帝詩

重修大成殿記

陳絳

我虞儒學修於隆慶庚午迨今十五載勢漸以圮萬歷壬午春淮陽朱侯維藩來蒞茲土拜於殿下退語諸生曰學校之隆替世道之盛衰係焉詎可一切委棄之以至於此耶居數月以入覲行明年夏又以旱故拯輯不暇冬十二

月乃用諸生言請于當道諸公咸報可迺諏日祭告庀材鳩工易其朽楹加以丹堊蓋以瓴甓民不加賦吏不告勞三越月而煥然美矣釋菜禮成觀者如堵咸嘖嘖嘆曰匪我朱侯曷克有是文明之治乎學論程君克昌司訓戴君士完謝君璿走不佞請記於戲宮室之壞人恥焉而人修焉凡以棲止之不苟也壞其身而不恥恥之而不知修豈以宮室之修也易而身之修也難哉吾見修宮室者採木于山伐石于巖取瓦甓于陶收膠漆金錫于市而又求良工以治焉一不集則事不舉若是乎難也君子之修身不

然暴則修吾仁枉則修吾義蕩則修吾禮惑則修吾智一反求而身自修矣身修則經綸參贊胥此焉出其事比于宮室不甚簡而易乎人顧明于宮室而暗于修身余所未曉也虞爲大舜封邑有聖人之化士生其間力學務本多清操直節如王充魏朗朱儁嵇紹之流顯著漢晉宋文公朱先生提學浙東嘗講學月林泳澤書院當是時文才輩出士風大振至季世猶聞李莊簡公面叱秦檜劉忠公論罷史嵩之今讀其書尚令人悚慴入國朝陶以禮樂漸漬日久士之抗節勵行爲斯學之重者尤加盛焉往者無論

已卽余所覩記如葛公浩之折逆瑾車公純之諍大禮吾兄紹與徐公學詩謝公瑜葉公經之指斥權相皆轟然震動名載史册今之士頗有前輩餘風侯復迪之正學重建文公書院羣諸士於其中較藝督課闡明聖賢微言奥旨而又復西溪湖建奎文塔俾諸士遊焉息焉曉然悟毅然往躋其巔而窮其源如孔子之登太山觀呂梁朱子之陟雲谷歷九曲不造其極不已也豈獨文章功業云乎哉此侯修學之意惓惓于爾多士而諸生之所自修以求無負于侯者也侯别號貞石萬歷丁丑進士

重建羅星亭碑記　徐八龍

虞標勝以東山而東無山東山在西南上游受剡水下曹娥爲通邑西蔽自梁湖而東一水瀉姚僅衣帶暑月車喧河涸可步故新舊通明壘壩若城高不則置杯水溜上傾而下無遺滴矣以是虞慨留逝水如惜身血誠養生要害非第形家言關鎖也邑治東去三里名龍王堂西南山谿并湖水所匯注河至此稍寬流弗及顧於是有橋有塔有祠閣錯屬爲障而水中一負隱起似造化亦不欲令此水怱去者清江錢侯顧而美曰可因也益石作星墩亭其上

中流一壺千金長頓令鼓柵上下者宛抱依違而不迅走且與閣橋塔祠珠聯錦綴若聚五星于東壁者（奎文閣爲土星聯登橋爲水星奎文塔爲木星舊址文昌祠傾以其半改建何侯祠爲金星今得羅星亭爲火星）奎文盛而華選駢雖天與人亦地利也無何始創不工百川奔嚙加以櫓桿沖突風雨飄搖亭壞石圮孤星向曙滅沒難尋譬金焦奇踞大江中令巨鼇倏負去望洋何堪斯行道所與嗟而虞士紳悲零落而思補也温陵仁庵李父母下車拔四履喫緊以東震聚氣轉瀉爲言捐萬錢經始而先是鳩率非人庀作徒費乃請邑紳赤城陳公董其事公舊有船

租之助曰予志也若實倡之敢不任任必觀厥成與衆寧獨乃親相度自木石細及灰瓦皆精思及之善建不拔從根爰始於丈址外環椿簬圍之舟不得近巨石砌水底壘而高出水丈餘立大石柱於墩中長二丈有四入土三之一隆然標舉六角柱石俱大石縱横挽筍總轄中柱壓口石如之築壘堅溯洪莫入乃可寬亭搆也選木精堅一切直架迂穿還以中石柱爲軸故重能載亂能繫復壁禦風雨塡盤石而四維之又慮歲葺之匱搜祠閣贍田及已船租昔所乾沒者令出貯善後著爲令役始于甲戌仲春九

日孟夏中竣七旬而舉量省有方材值工餼不苛不濫僧元宗與有勞焉計用錢十六萬有奇諸紳助十之三其二皆公捐之筩中者公固曰天下衆則咻而勇于獨心力獨勞以惠通邑吾儕愧矣當官苟且圖温飽良田美宅貽所不知何人鄙不足道抑或端居自守視秦越人肥瘠夫何賴焉修之家其德乃裕修之邦其德乃豐修之天下其德乃普堂上不糞除郊草不贍芸鄉之不睦而能爲德于邦國天下者未之聞今天下在所摧破以憂貽君父動嘆乏才夫才寧借之異代哉倘更發函治獨知之契使天下見

之起公而授以專柄大難大危指顧辦定何難不任何任不成吾劵是亭矣落成勒之石俾後繹思一簣之不易而慎保之且使蒸蒸濟濟蜚鳴而虎變者知作新有父師而涵育自先達也楫霖相望豈惟茲亭爲不朽

上虞會館記　　陳維新

戊辰春續置上虞會館成時崇禎之首歲聖主應運起自潛邸正逆璫黨弁交煽爲祟之秋旭日麗天層冰消潰而吾虞會館乃獲自變產亦一奇遘也夫京畿首善之地四方麇至上自作□以暨藝聚日跰跣如雲至倀倀無所之

而盜臣方封此高墉相望而牟儌直之利亦聖朝所隱也周制司空平易道路圬人塓館庭燎巡宮無所不備古人之於賓旅亦既周渥矣羣鄉之人而歲時伏臘相接無定期一切聚離慶慰情懽禮酢之會相訊無定址猶之鴻爪萍逢耳又奚鄉誼之敦吾邑舊有館承事者鮮挈瓶之慎爲此中無賴估作博場歲久屋圮遂爲豪右所得余聞之每心惻焉圖一復舉而難其緒時覺寢餗不遑也乙丑春僉謀於丁倪兩支乘計偕旅至爲申約共庀其事醵金有差擬祿入者豐于數實不登額聊一創始而又不成觀時

皇皇私計商酌規維三歷寒暄未就也會今上龍飛霆驅
奸逆而各罪人私產俱籍入聽官賣鬻慶此可爲計也詢
有絨線坊一所基搆俱宜隨請之廵城甘侍御力圖此乃
始爲㝬不逞所湮没繼又屢窘於大力者覬覦百方轉旋
甯辭勞怨然微侍御之力不及此斯館之成又豈偶然哉
追維吾鄉代不乏名碩宦遊京國者績烈頁相望曷獨駢
枝此館恬不作餼羊之愛使月異時殊化爲烏有夫豈盡
慮始之難將毋廢興亦各有時而卒莫知其故歟郎乙丑
創議之初稍稍有緒旋以人事紛糾余復驅馳使命此舉

危並築舍今春始畢是願而天原若留此一區歸然相待雖曰人爲亦適有以徵之矣至懲前事之闕葺善後事之苞桑既詳既愼傳諸有永方當會深計者借一籌夫天既隮之人烏可忽願後起者穆然有思于首事之難而共建於不拔竊有厚幸也夫

郡侯王公築塘通江生祠碑記　　倪元璐

上虞之爲國以江海爲外懼而內親湖湖曰夏蓋方廣百里溉田一十四萬有奇挹拍溪江而歸墟于海往江餘白堰屈曲二十五里弭節塘角自狩其郊未嘗過湖而問自

頃居民規便抏弓取紘使水奔怒激射捷走而嚙上陳之塘上陳塘者湖江之所表限也時則名田千計奄化爲江自是以來塘歲一決至崇禎九年秋九月潮乘颶威吼決葉家埭塘以尺計三百有六十弗洲連山逆行羣飛海湖疑戳溝岸移奪廬墓徙宮於馮夷桑田歸魂於滄海自虞注姚至於甬東凡淹沒成禾千萬邑人大號其時上下聘貽無能治之者治之則益甚於是毘陵王公以南祠部郎來守越州余季父封侍御晉源公仲兄侍御三蘭方與衆踦閭齎咨聞之大喜至足躍几上曰虞不沼矣吾聞王公

節讋而思深節讋則能決謀思深則無墜計乃率七區之
衆跣籲王公王公應聲顔變投袂起曰事有大於此者乎
下令亟築塘旣循衆願計區徵輸又請之臺使者發鄉社
穀如千濟之資用無絀遂以其年十一月築新塘明年正
月築備塘塘成邑人皆賀王公曰不然夫以禦寇治垣而
宿寇垣外垣之命猶寄於寇也不如逐寇使無睨吾垣者
而垣安今江不歸而睨湖其勢不吞湖不止也乃又下令
求江故道所謂塘角者躬乘樏橇履波蹴濤審端究歸盡
得要領而慮餱糒之不供爲出歲俸什五日倡輸者於是

平致才石餚斤錙募丁徒立長督治金鼓飭條貫信罰賞
十千維耦如雲如風心串力屯爭水猶鹿排壅決塞循塍
趨肙神人靈協灘然應謀自四月甲寅至於五月壬午江
通萬情奔悅敬告厥成王公意未慊顧命更築上陳衆罔
測亦勿敢違益功致堅謹治如教又相湖要害江海咽喉
如干所疏者益績靡者益杙視蔭之輩議爲蒐謀居亡何
龍躩於江大風揭石高岸四隤木圍五尺以上者悉拔而
塘無恙衆乃愈神王公當此之時彊隧阡塍可得而辨耒
耜穀芨可得而求農謳於野婦笑於室躄者踊病者起於

是其父老以爲宜如制稱有功德於民則祀之其地而其
士之髦者乞余爲之記余於是作而嘆曰嗟乎天下事曷
有任之不成者哉以其誠則必得之以其計數則必得之
誠者天人所際計數者神明之歸也雖以申韓挾術計桑
挾權自其爲之必有其誠雖以姬公持禮孔子持道苟無
其計與數亦何繇治天下乎昔者禹受命治水不敢曰有
知三過不入子呱不字面目股脛著其勤愿不敢曰有不
知順用疏瀹逆用排決淮渦桐柏致其神靈禹以聖人之
才而不貴無勞之功以聖人之德而不貴無術之道是故

禹者萬世之水師也西門豹則之以治鄴河李冰則之以
治岷江王公則之以治娥蓋之水夫水浮天而載地守地
之貞行天之化故其人知貞知化則皆知治之也當王公
之始事告之棘則棘告之憂則憂告之發號則發號告之
出粟則出粟跦跦粥粥惟狥衆欲及其終事准權握機占
微察遠流思周變神明無端人謀鬼謀咸有所不逮矣故
曰懼以終始其要無咎西門豹之治鄴河也始于投巫終
於鑿十二渠李冰之治岷江也始於立三石人三石牛終
于分三十六江王公之治娥蓋也始於爲德于湖終於爲

德於江投巫者使民不怒河鑿十二渠者使河不自怒立
三石人三石牛者欲以力制江分三十六江者使江自制
力爲德于湖者使湖不畏江爲德於江者使江不夷而爲
湖莫不本諸至誠益以計數近取諸心遠師神禹故夫西
門豹李冰王公此三君者天下之治才也繇王公之道以
治兵用衆不出一年中原之寇可蕩然而人有不能者悲
夫巧者賈楊拙者失牆洪水之難謀宜必甚於盜賊王公
爲其難而天下不能爲其易豈不痛哉王公名期昇毘陵
之義興人舉崇禎辛未進士美姿容鬚眉華悅其爲人無

此記可刪入古蹟篇
永錫樓下

欲有氣治其民慈健並行民受牒入對者無間紬信皆翔舞而出潁川南陽之流歟雖微茲功亦當祀也祠枕上陳而望塘角東去虞城三十里西距會稽境二十里先是富順湯公紹恩守越建三江閘利越百世越人祠之三江其祠翼然孤峙百餘年至今而偶云

永錫樓記　俞得鯉

永錫樓者俞氏之樓也俞氏居嵊城最古嵊城於越爲尤古晉史云安帝時孫恩聚徒雄海上殺會稽內史王凝之東南震恐帝使劉牢之東屯上虞吳國內史左將軍袁公

崧緣海城滬瀆偹恩故曰崧城云城故有市志又名崧城市仍其舊也夾城處者不一姓俞氏當其中宋厲居正志云濱湖有四巨室俞李包沙是也明洪武二十年信國公湯和經畫浙東離姚邑西北五十里爲衞曰臨山奏以故崧城徙焉城遂毀僅存其址故今第曰崧鎮云俞氏風多愿樸以耕讀世子孫四維五典率先以孝　清順治初作家廟東向氣象弘舒神途百五十步道其南湫隘不堪騶奔走余弟有嗣祺者慨然謂余曰吾不爲後之人無復有爲之者矣郎以已產易之隣購旁地近四尺許廓其途而

又以已地左讓二尺許往來馳驟遂寬然稱達道矣於是謀集羣議聚資爲樓通力勸工不閲月樓遂成樓凡四楹下高一丈五尺許上稱之負峙臨流翼然出鎮上登樓遐觀秦望宛委面其南金簡玉字之奇尙有存焉者乎東望娥江出没隱見孝女之遺跡在焉廻視禹湖百里浮光耀金千頃一碧其西則浙之水也西子之濯錦漂絮者在其中姑蘇之層臺未嘗不相對笑之北顧大海滄滄茫茫而秦王之舟漢武之槎又依然動人意以慨也且今之世識量卓越者幾人哉營營蹇蹇謀及子孫曰吾田未美也宅

未廣也又曰田之美易得宅則難廣故得尺則已之尺得寸則已之寸而其事關祖妣者一如東周君然以共主視也其能不以共主視而公已之產以私厥祖求之於世蓋亦鮮焉昔文正公登岳陽樓先憂後樂忠愛之氣形於遊觀藉登斯樓而孝思之感又當何如是不僅登臨遙矚感慨憑弔已也是舉也可以得夫永錫之義蓋取諸此

曹黎湖重修四閘記　國朝曹章

自古良吏頌慈父而號神君者莫不以水利爲要務如秦鄭國開涇水自中山抵瓠口爲渠而關中稱爲沃野名曰

鄭國渠李冰爲蜀守穿二江以通舟楫灌溉諸郡號爲陸
海漢召信臣爲南陽守於穰縣西造鉗廬陂廣溉二萬餘
頃後杜詩復修其業歌曰前有召父後有杜母吾郡守湯
公紹恩築三閘以灌山會蕭三邑之田民獲其利春秋祀
之水利之切且重也古今豈有異哉吾虞西高東下率苦
旱暵故都圖皆有湖以防澇涸十都之曹黎湖創自唐貞
觀間二姓割田成之溉田一萬三千餘畝由是歲　得稔
然鄰境之人不無盜洩者居民患之黃君正倫議建石閘
使年高者掌之以時蓄洩其子直如復捐貲置東西二斗

門且疏二渠設蔣家大板二閘其規畫區制之詳先賢趙
俶載之備矣雖然千仞之塹壞於一蟻百丈之隄崩於一
隙自設閘來幾歷歲年欲其無傾圮淤塞之患不可得矣
吾祖少泉公目擊心營時時斥貲修築吾父培之公與大
兄明卿公繼之不恤勤劬共勸厥舉自康熙壬寅仲秋至
次年季冬止兩易寒暑而四閘始成石費若干工價若干
一一登記至今通都賴之歌頌不衰昔正倫直如作述於
前今吾父與兄濟美於後此四君者使其出宰方州任責
民社慈父神君之號當不在秦漢諸君子下然在上者易

爲功在下者難爲力二黃君之與吾祖父兄之經營是閘也有較難於鄭李召杜諸君子者使必俟其得志藉勢而後爲則失事機而貽患害咎將誰委乎後之人居其土食其利務志前賢之志而羣以水利是急庶幾茲湖之永不廢是予今日爲記之意也夫

引

梅雪問答引　明陳縉

詩何爲也言乎人情之所不能已者也十二國風豈非緣人情之所不能已者言乎故所載多夫婦家室之事離別

怨思之作至於死生之際難言矣雖離别萬里未比也則其情又曷以已是以悼亡閔舊往往一託之詩焉然詩以情鳴情以感興草蟲桑蠋微物也而足以觸其思今吾友朱約山慽愴于内子之逝固詩人怨思之遺□□□□□雪設爲問荅以殫其旨其與草蟲□□□□間乎特死生異耳語有之長歌之哀過於慟哭余讀其辭未嘗不爲之太息焉雖然物之相値於天地間如竅風隙影本無定執其釋然而去也亦各還其故梅芳雪素聚散何心知化者直付與之未始以爲把玩也而乃拘拘焉可歟達乎莊

生芭芴之論則約山子之歌梅雪也當亦一鼓盆矣

題跋

石龍菴詩草跋　　明　徐如翰

如翰爲兒童時每侍先王父及先君之側必稱引吾宗先正爲後生小子法程則必首聘君與納言公云聘君爲如翰曾王父以布衣應經明行修徵忤逆豎劉瑾矯旨下詔獄謫戍如翰曾具疏上聞以易名請茲不敢贅納言公以英年登上第爲比部郎抗疏劾嚴分宜相廷杖謫爲民及穆廟登極以南納言卿賜環未幾卒於邸則如翰諸父行

世所稱龍川先生者也翰生也晚不及親侍公乃公之八
品行誼則耳而心之久矣大抵人臣盡忠極諫攖剛主之
逆鱗易磨權奸之虎牙難當分宜柄用時其毒燄爲何如
哉而公優游白雲署中又非有言責者比乃慷慨抗疏又
委曲以達之聖覽至使先肅皇帝爲之丙夜動容相窘乃
賂黄冠倖免而卒困公以杖維時宇內人士無問識與不
識皆仰公如景星慶雲慕志節者望風內謁幾同龍門每
出游閭里則童叟聚觀填隘阡陌其所謦欬著述聞之者
五內爲傾得之者什襲爲寶又不啻如球璧珠璣矣第公

卒於宦邸平生著述多散落遺失其孫孝廉爾一訪求搜
輯得詩稿十之二三又多脫誤則託黃山人以意爲之訂
補乃付之梓而以跋語屬余余與孝廉聲氣臭味最稱莫
逆而公又翰所心模神注幾一希光附名而不可必得者
也敢不竭其愚心而効一言於簡末蓋嘗聞之宇內有大
不朽四事功節義禮樂文章是也公節義英英龍震今昔
固不必言而潛心性命之學妙契文成宗旨本於天資而
涵濡充廓於學問默而成之爲諸名公所心服惟是年不
配德位不竟才人或惜其事功之少概見而不知公爲比

部時屢讞重獄雪異冤平反聲特著且脫諸重囚於械活之淹汨中郎大司寇亦歎息悚異里居之日值吾鄉困於徭役直指龐公議欲更法蘇之乃延公於柏署中同寢食者三日出而條鞭之議定蓋闔浙之民至今幸有寧宇則龐公之德而公之指畫實多則公之事功已見一斑其厄於年而不獲竟則天也乃若文章則公之餘矣若韻語則又公文章之餘矣然誦公集而因想見公之爲人其經緯博達時時見之憂時籌國則公之事功也其壯爽激亮讀者髮竪而神悚則公之節義也其溫和苞孕元旨邃詣有

超然於物外而快然自得於胸中者則公之理學也數十年之後且宇曰人士猶得儼然如覩公色笑而怳然如會公神情則今日之刻又豈特聲韻法律之爲矜式哉子輿氏有言曰誦其詩讀其書不知其人可乎余如翰業已知公之爲人矣而今且得誦公遺言敢曰尚友庶幾其無忝私淑乎則願與我後生小子輩共之

仲兄三蘭學使射書跋後　倪元璐

夫射以考藝而觀德焉戴禮詳其法周官悉其儀易云弧矢之利以威天下蓋由來遠矣高皇御極之二年詔天下

府州縣立學校即以禮樂射御書數設科分教三年旋定射儀二十五年復詔習射於射圃煌煌聖謨偃武而不廢武如此爰迨承平上者正裳笏坐堂皇雍容禮樂次者獵經史握鉛吐藻鼓吹休明六弓之設五射之辨八矢之調委庋高閣鮮有過而問者主上神武捬髀而思頗牧因可臺臣奏徧詔海宇習射祖制湮而復舉樽俎折衝於是焉在甚盛典也仲兄三蘭文武兼姿銜命視學豐鎬課較之餘時進諸長吏及博士弟子咨諏方畧籌策綏靖日夕懷射虎射蛟之志而尤惓切於新令之遵因採古今名將

射要射病等言編次成書付剞劂氏孟子不云乎工者不廢繩墨射者不廢彀率是編固彀率之助也雖然兵法無過孫吳穰苴淮陰諸家今其書具在學者有能窺其旨否驃騎教之而不受馬服子讀之而僨軍其成敗判若天壤然則書又何可泥也射伎也而道存焉語云巧者不過習者之門神而明之存乎其人願多士交相勖於簡牘之外以上報當宁則是編即筌蹏棄之而予兄弟與有榮矣

題徐云吉詩草　倪元璐

鳥鳴有取於鈎輈格磔劍舞獨貴其渾脫瀏灕凡天下之

好音在拗危器能歡物固有之詩亦宜然矣吾甥云吉天才獨高初未嘗爲詩纔一爲之便追作者愛其聲好而幽仄難尋當其鋒怒則姿華愈美此百篇者吾無一字王融謂其甥孝綽曰天下文章無我當歸阿士今天下之詩慮夫有我而又歸云吉也

題女史素心畫爲陳赤城給諫　倪元璐

意山而山意水而水亦似雲行亦似雨起別有天地非必畫理女媧以前想當然爾坡公有言不在形似管夫人云倒好嬉子吮毫之徒未有明此是何健婦膽男兒偉畫亦

有史女亦有士樂彼素心隔幃有咫秣馬秣駒江之永矣

墓誌銘

處士友山徐先生墓誌銘

明 潘府

徐之姓出自伯益之受封也後世遂以國爲姓而蔓延天下矣宋淳祐間教授慶元者鈌道經上虞樂管鄉之勝家焉簪纓之光相望至今公去教授七世僉事喬年公從祖隱居竹溪君公父偉儀觀優才幹而宏孝義傑士也景泰中歲大饑家且火重以官府苛刻之征門祚凉矣公以一身百支再門牆而重堂室左右二親作厥家成立諸弟及

孤姪皆爲有於無而綽然者也督課諸子東甥孫雪寒暑罔倦以三事自怡撫牙琴醉陶酒弄邵丸客至必款洽旬日談吐則滚滚道義謔浪則潑潑春風也常掌萬石鄉食其惠而曲直質焉工史學精楷墨善吟咏深而古尤妙曾揚之學從孫子熙弟進士直文華殿亞卿也亦妙此常與之杖屨於山目無遺穴子熙曰造化精妙先生盡之矣公諱澄字本澄別號友山生永樂癸卯三月十六日卒成化甲辰九月廿四日配劉氏平淡先生之仲女也優四德爲九族母者師合葬於洙溪覆釜穴子二長文相配劉氏繼

黄氏卒從葬於公之墓左禮也次文彪應經明行修聘對
策詆逆宦配姚氏孫十烏虖公之生也戴道義而居也公
之歿也挈道義而歸於道義乎幾得而存歿也奚悲銘曰
虛乎其中充乎其容非官而榮非禄而豐壁立塵空白雲
春峯墳乎斯翁千古高風

從母王太孺人墓誌銘　　倪元璐

吾倪氏以仁義聞至王父南望公而篤矣南望公積學不
售而有四子先府君中議公處仲而季卽封侍御季父晉
源公晉源公先娶王太孺人相莊十餘年而太孺人卽世

時生伯兄文學十年仲兄光祿八年其後四十年光祿成進士又三年始以歙令最追贈令稱太孺人尋召入臺又以恩申贈於是太孺人之德聞於天子者再矣光祿直節鯁亮方有盛名通籍未二十年奄遽殞秀天下悼之蓋光祿既殁而太孺人淒然猶在殯也於是晉源公欷歔徬徨謂伯兄文學曰往而母病革執余手泣曰吾實負公顧即死勿藏也吾曰一汲於圜令必浮我是間魂魄猶當持兩兒吾即死胸中氣歘然如雲霓即兒不貴朽此圜耳余聞其言心悲抑非亂命也故重違之今四十年而兒幸貴又

不幸死復何待乎乃經度逾一年得地曰黃泥菴者形氏相之吉斷以今嘉平幾望窆焉當乞銘晉源公徊翔久之而以使其猶子元璐謂元璐曰古者卑得誄尊則亦可銘也吾特以子文約而有體耳元璐造然受命伏而思曰嗟乎婦德何易言哉戴子曰婦空空此言收名歛功示人之難也有可示人者大著耳婦德之大著二嬰變著節安常著孝節者治氣正才忠臣之事豪傑之行也孝之爲道循性致情誠正之學聖人之所務也以元璐所知太孺人之事吾王父母其幾聖乎昔者王父文戰不得志卒得心疾

疾作顛則舌出齦合血沬委藉以爲恒先中議未貴卧起
飲食率須先中議先中議既第授安成令當之官王父病
不得行則獨與王母陳太恭人先中議臨去涕泣諗晉源
公曰吾恃若耳不然吾何可官晉源公年少專讀則又內
要太孺人曰吾亦恃若耳不然吾何可讀太孺人性至孝
以是二恃者則益恭太孺人之事病翁即一切滫瀡瀡瀡
嘗先意刺情不需呼命察疾將作䕨䕨憚憚無敢咦咳無
敢唉飲無敢卧寐如是者十餘年俄歲驟饑殣量塗太孺
人脫簪珮四求得精粲以供王父粗者食晉源公而自食

粃晉源公讀歸見之流涕太孺人旣致誠王父而又以不得侍王母心憾恨已而王母卒於官邸太孺人方以哭殤病臥訃聞毀踊過當竟不起閭黨稱之以爲生孝死孝太孺人皆有之也當光祿持臺使者節奉華綸歸里謁闔宮伏地嗚咽贊者發明詔以次薦冠珈象服舄奕華舉當是時宗姻中外無近遠畢會皆吁歎言曰嗟乎天之報施孝婦如此雖遲久不於其躬抑豈有爽哉自太孺人之備德齊案歸順諧類歸宜拊下歸惠敎勤歸慈通務歸智安貧歸介而元璐不敢詳稱識其大者耳即季父約而有體一

言是教元璐爲文者也太孺人父賀陵王公爲勾餘聞士其先樂湖雙堂兩先生皆顯貴太孺人年十八歸季父生嘉靖己未二月十九日卒萬歷辛卯八月十六日享年僅三十有三子二文學諱元珂娶陳光祿諱元琪天啟壬戌進士歷官江西巡按南直督學御史以言事救護復社謫行人司副稍遷今官娶賈季父繼娶俞封太孺人生一子元琯太學生娶姜銘曰

兒弗貴愼無瘥悲哉其爲志也明乎孝必孝報之故雖四十年而可俟

行狀

貞素先生垣溪葛公行狀　　明　謝瑜

貞素先生諱滂字天恩號松窗姓葛氏其先瑯琊諸縣人也後徙於陽都五代漢時有諱政一者爲上虞令民德之因家焉以儒世其家國初時有諱貞者號悠然以學行著累徵不就有悠然集行於世先生之高祖也悠然生啟永樂中爲監察御史御史生堉以孫貴贈通議大夫大理寺卿配鄭氏贈淑人生錬號味清嗜學篤行有蚓吟稿藏於家配丁氏生先生先生生而岐嶷溫粹潛心志學味清公

乃教以學易母丁氏勤儉敬共嘗貶食縮衣以佐其羸糧負笈之費於是躍川北巖張公鑑塘謝公皆以易學名於士林先生及其門各得其蘊奧晝習夜思意有所得細書密記寒暑飢渴弗知也居邑庠以醕謹篤學稱爲文不事葩藻惟務達意近裏往往於時好弗投而辨析淹貫每有獨得質疑辨惑者戶外之屨常滿假館受業者至無地以容瑜亦分其門下半席者也束脩必擇而後受貧不給者時以鹽米薪蔬繼之教必先躬行而後文藝誘掖啟廸各隨其量而尤必出於至誠故多所成就少時父母多病湯

藥必親製親嘗因明於醫藥及卒哀毀幾絕喪葬必誠必
信墓在董家嶴悠然公之側去家十里而近歲時肅衣冠
展省至老不廢瑜及門時髮尚短先生之冢嗣安甫楠尚
未蓄髮然英悟不羣出語輒超長者先生嘗曰吾不見於
吾身於吾兒見之矣比長有聲於庠校輿望攸屬而猶未
利於有司先生無悶仲子檣亦爲邑庠生先生慨然歎曰
自少窮經不爲不久矣乃今白首與兒輩稱弟子員豈宜
然哉欲焚筆瘞硯而理耕釣之具時督學陳岑山公留而
難之通學師友備呈表其志行始得請自是益究心於東

垣丹溪之術每出已意授劑輒効歲市佳藥以應邑人之求而不責其報故人稱之爲垣溪先生嘉靖庚子安甫以易薦於鄉先生不色喜甲辰登進士出宰常熟先生語之曰官以父母名豈易稱乎惟汝勉之又貽書戒之曰知汝不貪吾無慮矣吾嘗見廉者多刻亦有皦皦嶢嶢以致汚缺者殊不知不貪固居官常分耳可自多乎惟汝戒之迨迎養於官所每食必舉手加額曰君賜也汝知圖報吾食始甘先生從兄大理兩溪公嘗宰五河守邵武從子大參卮山公嘗守淮皆有惠政民遺思俎豆之必舉以爲勸吾

鄉昔有宰常熟者以貲甲邑里而今澌盡矣必舉以爲戒又嘗曰歲給祗候當役其力不當入其値雖有例亦充類未盡之義安甫并却之論者以爲矯枉之過先生聞之曰與其不及也甯過昔一峯羅公不受是或一道也安甫奉以周旋益加砥礪爲廉仁稱首竟以皦皦致誣謗落職士民咸奔走欲白其事先生令止之及代巡禖岡徐公察其誣奏辨復職候於銓部者踰二年終以無力阻閣先生爲書召之曰非道而得貧賤君子不去汝何栖栖如是戀雞肋耶安甫乃歸先生平居寡嗜慾善調攝無少恙咸謂期

頣未艾也丙辰正月十二日晡食後暈而復蘇曰吾無恙見子若孫環侍林立曰吾子孫可做好人足以下報吾親也至十三日瞑目不語親族來問疾頷之作辭謝意曰某某俱不爽至戌而盡距其生成化己亥享年七十有八瑜與同門龍巖尹胡君景華湖口尹趙君莘暨同志數輩來敦其襄事乃相與謀曰先生素位而行遯世無悶宜耀而弗耀也可私謚之曰貞素遂題其旐曰貞素先生先生自少不妄語不苟取予事親以孝閨夫婦敬相待如賓教子嚴而有方遇鄉黨私而有恩與人交無底裏未嘗疾言遽

色雖無過加之不怒屢空晏如也配范氏以賢淑稱於宗黨子二長郎桷娶俞氏次檣娶錢氏孫男八烇娶徐氏繼娶葉氏炯娶俞氏爃娶徐氏俱庠生燻聘丁氏烜焌炘聘潘氏煙曾孫男三坤元坤亨坤成曾孫女一祚允蓄衍未可量也其子若孫以嘉靖丁巳年二月十八日奉先生柩葬於姥嶺之陽安甫抆淚語余曰君辱與孤共筆硯於先君之門狀先君者必屬於君余不佞攟其概俾扣諸立言君子徵銘焉

雲南道監察御史狷齋行狀　謝讜

公諱瑜字如卿別號狷齋姓謝氏晉太傅文靖公之裔世家上虞之東山趙宋時曾七府君徙本縣後山國朝以來代有名德洪武中福建僉事肅字原功以文學著正統己巳通政使澤扈蹕塞外被擒於也先不屈死之正德中刑部郎中元順政行重於世公曾祖諱洪字時洽祖諱俊字叔英父諱允中字執之爲太學生慈行好施嘗以百金脫陳生於阨早卒以公貴贈知縣母朱氏封太孺人公九歲而孤太孺人教之學質穎功劬章采煥發十八補邑庠弟子員督學者卽拔公高等名蔚蔚起嘉靖戊子薦於鄉壬

辰登進士第癸巳知蒲城縣勸農桑寬稅役禁伏奸豪俾不得逞窶者弱者煦嫗有餘恤以俸餘飭黌舍時校羣士之藝而下上之士咸奮勵遂成俊彥丁酉最上擢南京廣東道御史是時郭勛納諸閹議上言請復天下鎮守公率諸御史劾勛極言正德中閹宦無狀陛下幸裁其弊社稷賴之勛豈不知而欲布心腹於天下以鉗制百官志將何爲聞者危公公曰志士不忘喪其元身爲言官可畏死弗言耶後勛敗人咸服公之先識丙午奉使雲貴核兵籍因論兵部尚書張瓚將以賄用掊克士卒本兵而壞天下之

兵又論御史黨以平奔走權門諂及童僕無恥至此何以肅僚又論禮部尚書嚴嵩姦佞欺罔刑部尚書周期雍飾非自痼於是相繼罷去惟嵩倚陶仲文高忠得入相公自雲貴復命都御史浚川王公稱爲古之遺直薦留雲南道嵩畏公再謁於京邸不見盛設燕邀公不赴亦不謝嵩乃遣子夫袁充譽納交於公所親厚者使說公曰容我當以爲卿公曰唉瑜奚忮於嚴公誠使大臣盡道小臣盡職四夷賓服萬民雍豫瑜與嚴公同荷太平之福我雖黜逐固樂也惡用美官爲哉辛丑公按四川鋤抑權橫風裁凜然

貪吏多解綬先遁壬寅聞邊報疏曰堯舜誅四凶而蠻夷率俾今之四凶郭勛胡守中張瓚嚴嵩是也近傳賊人北回奏報者皆云知我有備不敢南下此非不敢也擄掠既飽輜重必多以輸歸老營耳內外相蒙輒謂如此便足以讋強胡爲誤益大矣說者又謂賊恣搶掠殊無大志尤爲大繆今年之入深於舊年明年又未可知所過郡縣宅毛不遺彼日益充我日益削夫馬肥則踶牛肥則觸馴畜且然況敵人爲豺狼猛獸乎擄掠歲加其民必走其地必棄古之善藏其謀者嘗用此以得志今事亦相類可不爲大

虞乎頃者又聞增築外羅城此所謂閉寢戶者也千金之家必密其藩籬固其牆屋嚴其僮僕乃可弭盜舍此不爲而汲汲於寢室是衞使大盜毀傷其外舍馳突於中庭乃欲閉戶而守計亦窮矣夫賊衆所經皆重關要鎮素稱兵馬產聚之區並未有一總鎮一偏裨爲陛下背城一戰若使賊及羅城誰可爲陛下固守者連年失事敗將不誅本兵如故正昔人所謂戰則有死而無功退則有生而無罪亦何怪其不戰也伏望大奮乾斷亟誅四凶則猛將謀臣自當雲集乃擇文臣之抱忠貞有膽畧者充總制督撫之

任武臣之素廉仁備勇謀者充總副參游之任推轂而遣
授劍而行逗遛必誅小挫不問不從中制惟責成功又於
兩京各省羣臣之中堪爲邊方兵備者擇而使之又度阨
塞緊關州縣擇其精明可使者爲之守令使之收拾村落
招集勇敢繕治城堡遇寇則堅壁淸野登墉固守賊人未
嘗載糧負芻野無所得不驅而走若深入南侵彼必狼顧
設險出奇其酋易擒也夫賊人就食有方今日得飽明日
復來若傷弓罹穽一遭恐喝則退徙懼不遠矣乃今來則
如迎去則如送未嘗出我一軍覿彼一面皆謂賊衆我寡

賊弱我强臣謂爲此言者可斬也嵩大怒欲死公顧未有
中之癸卯公念太孺人老病表乞歸養世宗不許頃之當
事者竟以憾計除公名公曰忠無所効矣得養吾親斯足
矣角巾布袍豁如也問安侍膳奉太孺人盡其歡營室暇
稍課耕圃比太孺人以壽終公毀慕逾孺子殫瘁襄事人
以篤孝稱愛姜山形勝且謂其去邑頗遠可謝喧埃置别
業焉烟消雪霽霞落嵐横徜徉瞻玩日與麋鹿伍自稱姜
山老樵晚又築南谷間居爽塏幽清神情甚適乙丑病疽
流沮胸脇浹歲始愈丙寅世宗晏駕遺詔言事臣爲權奸

矯陷者悉召用隆慶元年詔至上虞公入臨隕動疾作時吏部已上公復御史而公竟以四月九日卒距生宏治已未七月十四日享年六十有九配錢氏封孺人子男二長果太學生娶太守陳公紹女次未太學生娶行太僕卿姚公翔鳳女女二長適憲副陳公楠子邑庠生國安次適尚寶丞聞人公悳行子邑庠生與已孫男五熯聘參政葛公木孫女炎聘兵馬劉公木孫女煜烜一未名孫女一許嫁大理卿葛公浩曾孫郡庠生曈公性狷介丰儀嚴重平生不造人亦不輕與人談涖官浙士者無不加敬公公終不

以事囑友愛宗族訓猶子師成師嚴皆成進士說易說詩每出臆見有先儒所未發者升菴楊公嘗舉其說以示來學詩不耽吟吟輒壓類尤工律體可與盛唐相頡頏文有氣骨字亦端勁奏書通達或擬之賈太傅嗜古翰繪布列坐室客至出與評質贋眞品優劣竟日不倦不厭弈亦不厭酒或對嘉客或良辰獨飲輒盡數觥吾虞稱激烈曠達者必曰狷齋狷齋下闕

三峯先生行狀　謝讜

先生姓朱氏諱袞字朝章號三峯上虞人也始祖懷青公

居青州仕宋國學助教扈蹕南遷遂家於上虞金烏峯下先生高祖諱子韶曾祖諱俊璋祖諱灝號遯菴父諱蕙號樂澹仕武德衛經歷考滿進階徵仕郎遯菴公以樂澹公貴贈如其官樂澹公以先生貴累贈奉政大夫工部郎中母鍾氏累贈太宜人繼母柴氏累封太宜人鍾太宜人夢皦日下飛鷹啣劍而生先生先生穎慧不羣髫年遽稱有斐宏治戊午甫弱冠以詩經中順天鄉試壬戌中康海榜進士會選翰林庶吉士當事者首取先生既而查少禮經乃以榜中同姓名者舉焉且云名姓相同難處一館先生

遂不與授工部都水司主事理徐州洪悉釐宿弊凡過洪者惴惴不敢犯歲積夫役之羨銀易石甃堤由是河濤衝齧無所患至今利賴之船有私載者薄稅示罰取建黃樓於州北城上陽明王公爲撰黃樓夜濤賦以彰其蹟無何丁外艱哀毀葬祭情禮胥致服闋補刑部福建司主事轉本部江西司員外郎詳讞庶獄多所平反朝廷以先生才識風力改河南道監察御史仍食五品俸先生感知遇條陳時政四事悉見施行時錦衣衛官旗多勳戚近侍冒名濫入者先生按之持法不撓大忤權璫謫江西新昌縣丞

冢宰喬公慰以非罪之謫衆咸寃之等語至任適華林寨賊朱雪一等恣掠村閭先生躬督鄉義機兵多方剿殺幾陷虎吻者三踰年賊乃滅陞福清縣令福清東南接海民素悍不率化且邑故無城先生造四門以捍衛東曰文興西曰雙旌南曰龍江北曰玉屏見素林公譔四門記謂先生垂無拔之厚惠終以俗化漸艮人文日盛頌之陞沂州知州沂地產銀沙礦徒搆亂又流賊劉六劉七引衆燒刼萬落成墟先生禦甚力招亡撫困境賴以謐壽王府有校尉依勢噬民先生擒之究如法陞吉安府同知吉安守松

月伍公重先生甚一切事必諮議始行値廬陵賊曾國祥等號十將軍猖獗震下上先生乃團甲練兵使賊大懾隨以計召賊所信者往諭曰爾等亟自新即爾宥不者必兵之賊感泣詣郡請罪先生咸釋之籍爲兵上以平賊功特賞焉厥後宸濠之變陽因公靖之猶運掌者實吉安兵之力究本則先生與有功陞工部都水司郎中巡視蘇杭七郡水利七郡之塘圩河泖湮淤者無算先生盡勸疏治水歸其壑曰茆港永興閘諸創而謂流澤無窮矣忽病作歸養病愈補刑部河南司郎中命慮囚四川未至陞興化府

知府年饑民瘁殫心撫字教樹藝立鄉約勸社義申錢禁凡利所當興害所當除者任怨任勞而爲之顧不能屈志諧俗三疏引疾不待報輒野服登道蕭然塵外人矣院司極詞獎譽交檄勉留先生堅不可回吏部以外官養病礙於新例欲罪之及查犯在例前聞報候痊起用莆人思先生不置數移文問安立生祠立去思碑家四載恩例進階亞中大夫兩廣總制新建伯王公以先生磊落過人才識有爲薦爲右江道兵備副使嗣是廵按福建御史景公徐公少宰渭厓霍公河南道御史梅濱楊公廵按浙江御史

應臺傅公雲川舒公後先凡七薦語在各疏中蓋先生位
不滿才官不究施故爲國者力於薦先生愛西湖之勝考
槃自適元老徐存齋翁嘗督學吾浙顏其堂曰後逋意指
和靖爲先逋取先生配之異代爲部署則恪居臺憲則肅
爲縣爲州爲郡則多惠因任異施中美時出雖古名臣未
之或過也而急流勇退棄爵如遺令亦尠有其儷故鄉郡
以清風古道克循高節臺省以文華雅瞻行誼孤高治郡
純良掛冠貞介耀之坊匾者不一而足先生遊歷遍名區
凡駐跡之地人輒建亭紀碑爲山川榮澤國三峯亭武夷

三峯亭海鹽望虞亭其尤章灼者先生自少卽善古文詞比壯夢巨人授以三尺劍光鍔爥天自是藻思日益一時海内名士若顧東橋薛西原鄭少谷方棠陵先生相與賡唱人不能軒輊自宜豐歷安成有拂劍篠水部有水衡餘興集興化有夢劍緒言雪壺唱和歸田有盌幽花賦皆祖雅宗騷出入唐宋草書則飛躍遒媚競爽鍾王求者趾相接先生亦不勌於酬性不喜盃奕唫暇惟危坐繹經史汎覽百家言或伸紙和墨草筆要數章而已大司成東廓鄒公遺先生書有細商歸宿之語大司空南坦劉公贊先生

像有含和履沖之語先生之窮理蹈道見信於諸名公如此督學白泉汪公郡守西淙洪公篤齋湯公闢玉岡書院以講正學推先生主盟焉近時學者率掇拾訓詁以資舉業於聖賢身心之學茫如也陽明公倡良知之說矯之其泥焉者雖遠支離而不免枯寂先生謂舉業德業非判然兩物也教人主之以居敬豫養輔之以讀書好古知行合一體用會通學術大中至正識者以爲甚有功於斯道著學範信心錄觀徵內外篇得其指授者悉底於純亦多以科第顯著先生至孝友事繼母愛敬隆備盡以祖產讓其

弟又益之已產以俸創懷青公祠率族衆修報本敬族有弗若於訓者誡之使悛怙終則懲以家法置義田以贍族之不給其不能婚不能葬則賙以倍先生視宇宙内事莫非已事茍可利物雖已不得爲必欲爲也如擴嘉善學宫築上虞城闢梁湖沙河作水東精舍皆先生始其猷而贊其成者先生取與極嚴非義之餽一介不受亦未嘗輕有所施或守分而匱或阨於不得已者則又慨然樂爲之濟與人雅談竟日不厭非自外名教無峻拒者先生晚歲康寧繁衍天倫多樂每生辰讌洽累日時正陽春琴瑟靜好

奏墳篪而舞斑斕詩所謂壽豈先生有之先生夢見筆生
異花庭桂産芝數莖又夢燈籠書却劑字疊示嘉祥謂壽
且踰期也未百而逝哀哉生成化己亥三月九日卒嘉靖
乙丑六月二十六日享年八十有七配鄭氏封宜人太醫
院判純菴公女副室陳氏子男三伯子朋來鄭出行太僕
寺主簿娶章氏長史海涯公女繼陳氏仲子朋求陳出令
行人司行人娶車氏都御史百山公女繼徐氏教授厚齋
公女先生之薦於鄉也以戊午仲子亦戊午第進士以壬
戌仲子亦壬戌重光券合世稱奇焉季子朋采亦陳出紹

興衛指揮僉事娶楊氏學使二檀公女家盡文也而季子以武顯先生以全材淑後此足徵云女三長端卿鄭出早卒次瑞卿適禮部郎中躍川公子禾次惴卿陳出適太守彭山公子丑孫男七賓容宮大字宣宜大宙孫女五曾孫男三卜以是年十二月九日葬黃泥山嗚呼邈矣先生讜三紀門墻知非不深片辭纖行咸足模世茲僅錄大而捐其細亦猶語龍者以神不必悉鱗而數也言雖不文實無愧色惟命世作者采而壽諸銘

光祿寺寺丞先兄三蘭府君行狀　倪元璐

嗟乎池草通魂入琴發慟豈徒其孔懷之篤乎夫五倫之
道必有所互取之故子賤取友乃云兄事王季恭兄而云
則友此言人與者貴其氣親而天連之期於道合也今天
下皆以吾兄光祿之於元璐爲有朋乎維元璐亦自謂吾
兄弟眞相知知之故能言之鮑管惠莊曰知我而已昔吾
倪氏自宋南渡由靑州徙越家於虞之賀溪尋徙橫山其
在宋名鉅輩出文節父子其著者也入明傳代六七無顯
者至曾祖抑菴公始由鄉薦令南城而王父封文林南望
公至行篤學不仕至先君中議公始登甲科亢節致功韃

於天下然官不過太守而季父封侍御晉源公德甚邵亦不仕至光祿始爲御史持斧握衡然又不久中蹶至死纔得六品官而元璐一再侍從亦遂廢故人謂倪氏仕宦有如蝸游然以予觀於光祿十數年間服官致身所用磥砢櫪梗爲世所稱說者雖不極崇膴其以紹我前人之休亦其恢宏卓爾者矣蓋當熹宗之末年逆璫魏忠賢擅政旣盡鋤天下異議者又欲富已過於天子乃使人四求天下富人私過奏之掠其貲財於是告密蠭起歙州奸人吳榮者人奴也告其主富人吳養春以布衣擅黃山利數十年

及諸不法狀即有詔捕養春而使工部主事呂下問乘傳至歙籍其家當是時光禄由祁門令以能移歙而下問怙威暴横掠吳氏贓盡一郡掩捕四出光禄抗首爲下問言詔籍養春耳一郡何罪乎下問不聽衆積怒憤一夕萬餘人鼓譟斧部使門入下問驚遽踰垣走衆求下問不得乃大擾亂光禄聞變即單騎詣部使門衆見光禄至皆羅拜號曰公子我而使者薙刈之今必求殺使者乃歸死公耳光禄曰令殺使者天子必殺令是而殺令也衆悟乃散而下問夜奔二百里至績溪投空廨中蹲伏梁上者累日既

定光祿乃往勞下問下問出挾刃哮曰吾今與令俱死耳光祿笑曰何庸爾耶已定矣下問既無所洩怒乃上疏歸獄光祿忠賢怒欲逮光祿緹較已戒而其時詔使逮周吏部於吳吳人顏佩韋等憤譟格殺詔使事聞忠賢心懼遂停緹較而光祿事得解時坐養春贓百萬徵榜踰年未及十萬已竭忠賢疑所司奸利又使大理寺正許志吉者馳歙州督贓甚急志吉故新都人而尤無賴自躪其鄉甚於呂又以已卿憲欲隸光祿光祿艴然曰以官則子客也以地則子民耳何隸之爲竟不爲禮卽入見故益偃蹇凡使

者令下縣縣多持禁之而其時天下郡國盡生祠忠賢志
吉乃以諷光祿曰爲令策救惟此耳光祿持不可志吉大
怒罵曰是何蟲蟻而欲觸隆車乎卽草疏欲劾光祿未卽
發會先帝上賓今天子御極懸鏡攬阿於是忠賢及其黨
皆伏誅而光祿以治行高等入爲臺御史光祿入臺首訟
黃山之獄劾下問志吉上斥下問爲民而使使卽訊志吉
光祿以天子方嚮言者言事日益銳凡居三月所上言請
召用廢籍諸賢劉公宗周惠公世揚于公玉立方公震孺
畢公懋良范公景文蔡公思充劉公廷諫耿公如杞等又

論劾顧秉謙霍維華李魯生門洞開等又發吏部奸弊劾
主爵某某又請慎名器無聽雜流得入貲爲藩輔郡判凡
十數奏天子皆用其言頃之奉命出按江西江西之俗其
君子矜理學小人勤嗇力於農桑光祿因其俗而正之與
其君子俎豆明道而約奢激惰以教小人顧以今天下多
事豫章四達交脆而海鯨方驕兵禍必及乃檄諸路衣袽
爲寇備計居亡何而寇至江西自桃林瑪瑙竊發而後不
承寇患者幾百年至是粵賊鍾凌秀等由閩武平突入贛
界旋由贛入吉州圍永豐甚急遠近大震時撫軍移疾去

代者未即至光祿以惠文冠攝理兵事募丁健飭將吏集資糧謹偵諜清野積繕城濠以五千人扼賊心背又結鄉兵五千分防鄱湖九江之間遏其北流賊進不敢攻城退無所掠於是始困光祿又以兵單上疏請勅粵閩黔三省會兵合勦而先此我兵已破賊於黃牛崗既又敗之木湖及三省兵合遂大破賊斬獲無算渠凌秀等宵遁去自夏四月至秋八月凡五月而賊平捷聞天子嘉之又以增城南昌功成賚白金三十兩當是時光祿又以將署閩而朝論特以光祿儒者有文章名頃之奉命仍以御史督學吳

會光祿之自爲文清微典凝守脉鋒見其察士則尊繩簡
貴理道而特不欲沒其才以爲拘畏則氣衰以此剔滌凡
三年吳才盡出甲於天下吳之君子以爲三百年來學使
未有如光祿者也而復社之論作社盛治才而其人矜名
氣人求入社不得者皆忌之會諸生陸文聲有所欲中又
希執政旨詭陳風俗云儆皆由士士必以社亂天下天子
方急正士下其章使學使者批根治之光祿上言社矜才
有之亂無跡天子曰士如處女子即矜詭以何爲才光祿
曰今士下帷結業相尚爲文章亦處女子之道也豈可以

其剌紋有稱譽比諸倚門且文章者士之靈心卽國元氣
厲治士必絀才使天下相戒不敢爲高文非世之福不可
執政曰御史庇士甚殆有牽撓不稱職乃鐫一官降光祿
寺錄事光祿雖貶官心痛時事上疏規切執政語甚激又
云令閣臣分曹擬旨無主名有所逃責請令各疏名使明
主得因事考其能否奏上執政大恚擬旨切責然天子覽
奏心是光祿言更令易擬凡三上不得天子意天子竟自
降詔俞之著其言爲令閣擬疏名自此始執政由此怒光
祿以天子意方嚮之未有以中也亡何執政罷乃稍遷行

人司副尋奉命治益邸喪事事竣歸里既以積勞又聞寇難禍及福藩痛忿齒齘忽病噎寢疾五月而歿歿前十日而光祿丞之命下今故稱爲光祿云此其居官大較然也元璐曰光祿長元璐九歲少同學五六年日一賦宛鳩其後同登第邸中連牀夜論呢呢至燭垂跋童僕鼾齁四徹語不得休大約相謂吾兄弟今日如趨塗辦程宜權聘宿即所用報天子者上之致身立朝比隆崇璟琦弼次之則亹然言出氣飛使世貴其道最下則循事見能所至一再稱惠人廉吏耳出此三端不可爲人異時枕衽相對盌能

裂裙障面乎憶爲此語垂二十年而不意三言者遂爲光祿審傳象照夫人度量相越蓋甚遠也以元璐視光祿雖後死走肉耳是故元璐每哭光祿必汗下豈非悲慚并來神之自告耶光祿爲人外爽中凝骨強體厚其事父晉源公甚孝母王太孺人蚤歿時光祿方八歲至今遇伏臘歲享輒悲慟不自勝而後母俞太孺人至慈光祿事之積誠起敬滲灑逾篤友其伯季推肥讓甘身歿之後而伯季乃倍飽其子故人皆謂光祿之能其官也其有本也光祿偉儀幹修軀廓目廣額旋頷口幾容拳耳不及肩者三寸法

宜壽然而火色師曠相王子晉岑文本相馬周並云火色騰上必速不壽固非誣也光祿病革執元璐手曰吾相不宜死今乃死嗚呼吾負君親悲哉光祿諱元珙字賦汝別號三蘭先中議之所命也曰虞二山蘭芎蘭阜與子而三期子嶽立芳紉耳昔先中議愛光祿過元璐而當先中議令安成有惠政其後以救劉忠愍及爭復古書院不毀忤江陵貶徙安成人以爲忠祀之至今及光祿按部至安成以一少牢謁先中議祠下時冠蓋雲會童叟聚觀者塡咽衢巷人以爲美談云光祿以萬歷戊午舉於鄉天啟壬戌

成進士生甲申十月七日卒己卯三月二十九日猶子會吉等卜葬有日請銘禮也元璐以爲大人君子必謹修辭故特言其衆著者使夫見即不疑援筆易下耳漂說誣親敢乎哉

上虞縣志卷四十五　文徵內編五

上虞縣志卷四十六

文徵外編

賦

歷山賦并序　宋　王安石

餘姚縣人有與季父爭田於縣於州於轉運使不直提點刑獄令予來直之將歸閔然望歷山而賦之歷山在縣西上虞縣界中或曰舜所耕云

歷山之巖巖兮予汝耕之孰汝疆之此匪予私云然兮誰汝使予人之子兮余師歷山之巖巖兮則維其常人之子

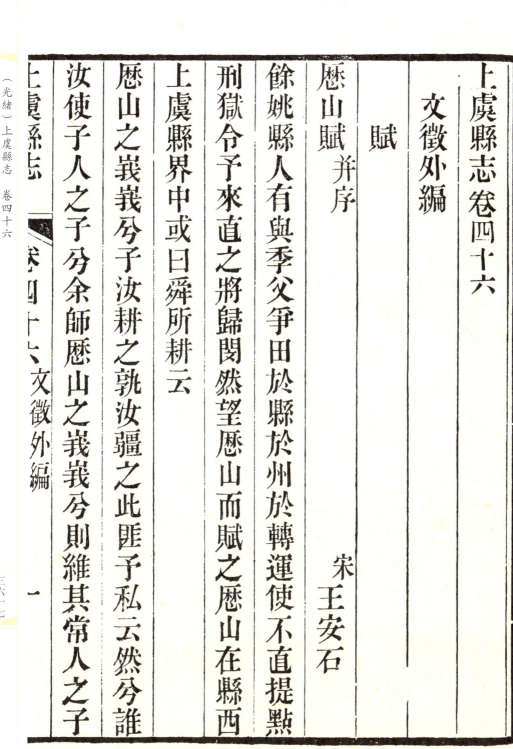

兮云曷而亡云曷而亡兮我之思今孰繼兮我之悲嗚呼已矣兮來者爲誰

嶀山賦　宋　王十朋

名境嶀山程途往還望高坡而峭峻登聳嶠以填彎上與雲齊霧擁於烟蘿之內下臨水際舟橫於巨派之間原夫勢接江湖支分台越崀嶷峰巒崔嵬孰埒懸崖則時時瀑布深谷則年年積雪華岡蔚密南乘謝朓之巖崄徑陰森北依趙公之阜上多名木內足坑谿猛獸或過酒蕩靈禽忽翥蘆栖兩畔澗流四面雲低武肅王駐舸吟哦歎斯境

絕異謝靈運彈飛巖嶂慕此地堪棲夜夜雲生朝朝霧起崔峉嶔崎岧嶤嵬𡾋三春之桃李芳芬九夏之林巒蔚翠粱王別室歸建業以登天陳廓漂流立靈祠於此地杳杳冥冥勢連嵊亭龍吟虎嘯水白松青上館嶺兮龍宮梵宇箬罍嶺兮夫人石形有良工而巧琢或走獸以奔星豈勞嬴政役鬼神之力休說粱元呈圖畫之靈昌一邑之黎元疲民蘇矣鎮三方之土地訟者咸甯至矣哉玩此山體面最奇形容殊麗黃沙礫𥗶兮水岸碧嶂嵯峨兮雲際樹矗崚嶒枝纏薜荔石闌干險以崎嶇何皤水渺而搖曳周圍

四顧相同華頂之前宛轉羣峰猶若芒蘿之勢西原伏豹東峙飛龍墩突兀兮白竹水潺湲兮烏峰綠雲映於野外翠羽鳴於山中洞倚巑岏之石巖欹偃蹇之松嶺峻則月華易度林高則霜霰難融郝郭祠前且見井坑之跡皇書亭畔又看麖滯之蹤莫不雲雨瀟瀟枝柯浩浩或賢者玩而昇騰或智者賞而辭藻懿乎可以尋眞思之而即悟道

沃靑閣賦　明　趙俶

會稽之東金罍之峰據縣郭之咫尺壯南塔之崇崇標剡源之名山竦傑閣乎雲中偉奇觀之絕勝若天造而神工

有江上丈人泝靈槎迅飛鴻駕碧海之秋濤淩舜江之巨瀨步蘭皋以夷猶登寶塔而從容仰視華構岌嶪穹窿狂九霄之青冥隔下士之塵壒列礎負冠山之鼇飛梁垂飲澗之虹動碧瓦之晴霏翔金爵之天風望舒納采於璇題扶桑射影於珠櫳摘星斗之光芒吞積翠之空濛葱然而青爛然而彤覩晃曜而喪精語應響而失聰卻立躊躇若寐而瞭適龐眉老禪邂逅其逢磬折長揖而問曰子非放情邱壑追高人之蹤者耶將登高作賦以發雲夢之胸者耶吾將與子躋攀乎埃壒之表曠覽乎山川之雄乃相與

升廣庭聯孤節躡雲梯於高寒憑星欄於半空挾剛飈於雙袂拭秋烟於兩瞳老禪指而謂之曰曹江西來若白虹蜿蜒萬折而下流者剡川之沖瀜也遙岑南起若天柱褰開矗然而倚空者沃洲之鬱葱也彼羣峰之連絡又如游龍赴海而烟雲為之澒洞而奔湧者此剡中諸山環遶而相從也觀其雙崖壁立磬石若盂植縣圃之琅玕削青天之芙蓉飛瀑夏寒含風雨而晝爽洞石陰做呀竅穴兮天通挺奇峰之亭亭若孔蓋之童童查溪秋月晴流練碧蘿峰春雨烟嵐翠重奇態異狀蒼蒨蘢蓯收勝概於一覽納

萬象於鴻濛此沃靑之嘉名所以有取吟咏於齊公也丈人啞然而笑慨然而歎曰山川之勝扶輿所鍾名蹤古跡俯仰無窮東山兩眺之奇山陰夜雪之蓬高人韻士之所遊隱君方外之所宫嗟風流之一去若逝水與旋蓬獨梁間之巨榜播流聲之颯颯今吾與師會三生之夙契快登臨之幽悰發弔古之遐思騁文翰之詞鋒安知後之視今不與今日而相同言未既白雲如海斜陽晚紅老禪太息捧手致恭丈人亦飄然而退舉侶漫游於海翁送拏音之既遠聞天際之烟鐘

詩

和謝監靈運（此和靈運還舊園作說見會稽掇英總集）　南北朝　顏延年

弱植慕端操窘步懼先迷寡立非擇方刻意藉窮棲伊昔遘多幸秉筆侍兩閨雖慙丹雘施未謂玄素睽徒遭良時詖王道奄昏霾人神幽明絶朋好雲雨乖弔屈汀洲浦謁帝蒼山蹊倚巖聽緒風攀林結留荑跂予閒衡嶠曷月瞻秦稽皇聖昭天德豐澤振沈泥惜無爵雉化何用充海淮去國還故里幽門樹蓬藜采茨葺昔宇翦棘開舊畦物謝時既晏年往志不偕親仁敷情昵興玩究辭悽芬馥歇蘭

若淸越奪琳珪盡言非報章聊用布所懷

太平山　　孔稚珪

訪逸追幽蹤尋奇赴遠轍制芰度飛泉援蘿上危岊萬壑左右奔千峯表裏絕曲棧臨風聽歌簷倚雲穴石險天貌分林交日容缺陰澗落春榮寒巖留夏雪昔聞尙平心今見幽人節志入青松高情拔白雲潔泛酒乘月還開談待霞滅接賞聊淹留方今桂枝發

歷山　　江淹

愁生白露日思起秋風年落葉下楚水别鵾噪吳田嶂氣

陰不極日色虧半天酒至情蕭瑟憑高還惘然

上虞鄉亭觀潮　劉孝綽

昔余筮賓始衣冠仕洛陽無貲祇有任一命忝爲郎再踐神仙側三入崇賢旁東朝禮髦俊虛薄厠賢良遊談侍名理搦管創文章引籍陪下膳横經參上庠誰謂服事淺契濶變炎涼一朝謬爲吏結綬去承光烹鮮徒可習治民終未長化雞仰季智馴雉推仲康此城隣夏穴檣矗茂筠篁孝碑黄絹語神濤白鷺翔遨遊佳可望釋事上川梁秋江凍雨絕反景照移塘纖羅殊未動駭水忽如湯乍出連山

合時如高蓋張漂沙黃沫聚礐石素波揚榜人不敢唱舟
子詎能航離家復臨水眷然思故鄉中來不可絕奕奕苦
人腸泝洄若無阻謝病反清漳

詠月應王中丞思遠　　沈約

月華臨靜夜夜靜滅氛埃方暉竟戶入圓影隙中來高樓
切思婦西園遊上才網軒映珠綴應門照綠苔洞房殊未
曉清光信悠哉

送上虞丞　　唐　權德輿

越郡佳山水菁江接上虞計程航一葦試吏佐雙鳧雲壑

窺仙籍風謠驗地圖因尋黃絹字爲我弔曹盱

蘭芎山懷葛元舊居　盧綸

城闕望烟霞常悲仙路賒甯知樵子徑得到葛仙家

四明山　孟郊

閒於獨鶴心大於青松年迴出萬物表高居四明巔十尋

直裂峰百尺倒瀉泉絳雪爲我飯白雲爲我田靜言不話

俗靈蹤時步天

劉長卿

四明山絶奇自古說登陸蒼崖倚天立覆石如覆屋玲瓏

開戶牖落落明四目箕星分南野有斗挂檐北日月居東西朝昏亘出没我來遊其間寄傲巾半幅白雲本無心悠然伴幽獨對此脱塵鞅頓忘榮與辱長笑天地寬僊風吹佩玉

題曹娥廟　趙　嘏

青娥埋没此江濱江樹颼颼慘暮雲文字在碑碑已墮波濤辜負色絲文

赴剡溪暮發娥江　陸　羽

月色寒潮入剡溪清猿叫斷緑林西昔人已逐東流去空

林和靖詩集載有是詩其題不作遊太康湖望東山且詩中亦有數字不同可刪

見年年江草齊

東山　胡　晉

五馬南浮一化龍謝安入相此山空不知攜妓重來日幾樹鶯啼谷口風

題上虞蘭芎山　宋　陳堯佐

巖巖一峰千萬尋微茫樓閣寒雲深巡州佐吏倚欄久泠泠天籟清塵心

遊太康湖望東山　林　逋

水痕秋落蟹螯肥閒過清明晚未歸魚覺船行沈草岸犬

聞人語出柴扉巖埋蒼桂寒雲重寺隱丹楓夕照微却憶
當時謝太傅風流未解借蓑衣

寄題上虞蘇簿凝虛館　石延年

越基擅巖壑虛館宅其尤丹甍熠孤飛靈景邈四週山高
晴若陰洞寒夏如秋幄檻庭花發玉環渠水流閒臥眞吏
隱年登迺仙遊居之宜民思無爲茲宇羞

和李參政秦發送行韻　胡銓

落網端從一念差崖州前定復可嗟萬山行盡逢黎母雙
井渾疑到若耶山鬼可人嘗入夢相君談易更名家此行

所得誠多矣更欲從公北泛槎元註李參政詩云夢裏分明見黎母生前定合到朱崖蓋予嘗在新州夢一媪立牀前曰吾黎母也黎姑山在瓊崖儋萬之間予瞻所謂四海環一島是也先是秦檜大書三人姓名于其家格天閣下曰趙鼎李光胡銓所必欲殺者也鼎謫瓊州紹興十七年丁卯卒光字泰發上虞人時謫儋州澹菴朱崖之行經過儋州故泰發以詩送之澹菴夙有黎母之夢付諸前定如謫新州時亦謂前定福唐幕中分扇得一畫騎驢人西南行者後新州之命亦若暗合夫不以遷謫介意而付之於分非達人不能也

次李參政送行韻答黃舜揚　胡銓

打成大錯一毫差萬里去尋留子嗟微管閒思齊仲父賜奴長價漢渾邪道窮憐我空憂國句好知君定作家便欲相攜趁帆飽要觀子美賦靈槎齊仲父漢渾邪此澹菴心事也不以秦檜講和爲然

流離顛沛之死不變今秦氏安在而澹菴之忠肝義膽萬古不朽也識此詩以見張魏公之貶岳武穆之死趙李胡三公海外之竄南渡之業所以不復再振而至於厭厭無氣愈弱愈下者誰寔爲之此非常之痛無窮之悲不但爲二三君子悵然也

聞李泰發參政得旨自便將歸以詩迓之　曾幾

苦遭前政墮危機二十餘年詠式微天上謫仙皆欲殺海濱大老竟來歸故園松菊猶存否舊日人民果是非最小郎君今弱冠别時聞道不勝衣按瀛奎律髓註秦檜謫趙丞相鼎李參政光胡編修銓于海外必欲殺之趙先殁李胡皆生還又最小郎君原註謂孫壻文授今附載于此

挽李泰發參政三首　曾幾

公昔遭前政忠精不少衰立談廷爭地上疏里居時意氣
南山在名聲北斗垂心知不亡者送往得無悲
漢室推元禮唐家得衛公龍門傾後輩鯨海伏孤忠守護
多神物旋歸一老翁如何九江路萬事併成空
道義曾無間因依遂有連旋聞新雨露亟返舊林泉父老
門庭下兒孫几杖前不令成此段泣涕問蒼天

題謝安石東山圖　朱熹

家山花柳春侍女髻鬟綠出處亦何心晴雲在空谷

答潘端叔見寄　孫應時

髮白念少年萬事風雨過倦遊得來歸一切付懶惰獨抱
杞天憂徬徨意無奈濠魚定何樂幕燕詎敢賀歎君陽春
詞激我巴里和古來奇特事信是英雄作東山有晚遇西
山有終餓拭目須君早著鞭乞與高人北窗卧

挽潘德夫左司六首　孫應時

家聲高内史國望凛冰翁生長聖門學周旋前輩風人才
須用舊士論雅期公不見朝宣室秋山閟一宫

綜理何精密胸中故坦然愛民眞爲國事世不欺天霜氣
星臺表春風竹馬前湘江盡南海遺蹟尚千年

愛士風流古繙書氣味長詩家入陶謝書法到顏楊竹石故無恙人琴今則亡二龍天下秀一一看增光

結髮欽前輩風流日渺然從今吾鄰邑不見此癯仙攬轡范清詔分符黃潁川江湖終白首那得盡公賢

湖海歸來近山林興故長勇辭黃閣掾却上白雲鄉縹緲書樓壯淒涼筆塚荒家聲傳二妙公死未應亡

憶侍吾兄側初瞻父友尊爾來親燕几長復痛鴒原山立儀刑重春回笑語温古今眞共盡淚下欲何言

送李文授知括州　孫應時

中興尙有名臣子江表能餘正始音擬贊經綸須老手更
分符竹此何心麒麟閣上風雲舊煙雨樓前山水深世事
由來偶然耳公餘端不廢淸吟

挽李中甫使君六首　孫應時

赫赫中興佐英風想大門得交人物懿喜見典型存拱立
嚴諸父躬行表後昆世家今萬石一代合推尊
圭玉身無玷春風物自熙學非隨俗尙心故有天知里社
成鄒魯交游不惠夷思君兼衆美凋落使人悲
發軔期行志鳴琴最得民淵魚何用察桑雉本來馴可嘆

雙旌暮猶歌五袴新誰爲良吏傳吾欲表斯文

書卷平生事篝燈靜夜分韶鈞奏韓柳黼黻補卿雲不鄙頻揮麈曾窺一運斤詞人嗟不遇地下早修文

少日論心密中年會面難相逢愈青眼太息各蒼顔離合窮通裏悲歡夢寐間家園歲寒約秋草泣空山

憶奉先人窆深勤長者車哀辭推傑作虞主爲佳書今日君仙去秋陰我病餘莫酬三四重緘淚灑幽墟

登東山　陸游

老慣人間歲月催强扶衰病上崔嵬生爲柱國細事耳死

畫雲臺何有哉孰計提軍出清海未如喚客倒金罍明朝日出春風動更看青天萬里開

泊上虞縣　陸游

鄞江久不到乘興偶東游漲水崩沙岸歸雲抱縣樓吟餘聲混混梳罷髮颼颼喜見時平象新絲入市稠

上虞逆旅見舊題歲月感懷　陸游

舴艋爲家東復西今朝破曉下前溪青山缺處日初上孤店開時鶯亂啼倦枕不成千里夢壞墻閒覓十年題漆園傲吏猶非達物我區區豈足齊

送濬丞上虞　樓鑰

我老不復仕行將挂衣冠兩子俱貳令官職恰一般剡川且書考上虞亦之官人言易捧檄歸奉重親歡我意正不爾期汝政可觀食焉怠其事古訓借捨鏝汝職去民親簿書當細看一邑無不問正爾艮獨難江海帀三垂長堤捍驚湍埭高幾如山潮至不留殘宣和有遺迹能使潮浸灘陂湖謹蓄泄可以救旱乾長溝濟漕運浚治令通寬此皆丞所職勿憚心力殫江頭有東山永懷謝家安已有李與豐況復居二潘尙友更從游問學加研鑽平時固知汝廉

謹無欺謾涉世終未深戒汝能無言故鄉去帝鄉舟馭多
往還失己固不可待人亦多端罔求違道譽善遣非意干
窮達自有時此理眞如丹聚散不足較豈得長團欒閒靜
我所便汝其自加餐有時或乘輿往來二子間蹈雨送汝
行浮家當游般走筆如家書誰能苦雕剜

送杓孫隨侍上虞　　樓鑰

阿斗生來十五年未嘗一日去翁前聞詩勿廢家庭問習
吏仍求城旦篇婚宦有涯眞是幸巾箱所蓄要相傳榮釁
雖小性非魯口授詩書加愛憐

過上虞懷謝驛喜雨　樓鑰

夢回簷溜作驚湍淨洗炎歊百慮寬咫尺東山見膏澤令

人更憶謝家安

李文綬和所贈老融詩復次韻爲謝　樓鑰

鄴侯插架書最多筆力雄奇天所命萬人海中深閉門理

窟搜尋到幽夐我詩無律如山謳形穢豈堪珠玉映時時

歸夢入故山曳杖松間記投暝因君佳句撩秋思便欲歸

尋舊三徑兼旬足痺不良行況復炎蒸如釜甑夜來一雨

洗河漢簷溜涓涓清入聽晨興剝啄誰叩門乃有同聲喜

相應讀之恍若濯清風自覺昏眸怯明鏡伊余何幸點班
行結交往往多名勝夫君平處顧清新解道澄江如練淨
從今我乃得四友不特官梅動詩興推枕裁詩謝高致扶
憊搖毫心靡定舊聞讀檄愈頭風今賴長篇起衰病

放鶴送潘恭叔司理　樓鑰

沖霄六翮困蓬蒿清唳時時發九皋鵠立固應能獨出鷄
羣未免歎徒勞相投顧我憐冰玉欲去知君刷羽毛幸脫
樊籠隨所適平平飛去不須高

再送潘恭叔　樓鑰

我似冥鴻弋猶慕君如放鶴去還歸秋空今日眞成去好伴閒雲自在飛

謝潘端叔惠紅梅并序　　樓鑰

潘端叔惠紅梅一本全體皆江梅也香亦如之但色紅爾來自湖湘非他種比自此當稱爲紅江梅以別之王文公蘇文忠石曼卿諸公有紅梅詩意其皆未見此種也感歎不足爲賦二十絶

舊家桃李種河陽今日紅梅自楚湘根撥送春君意重爲移絶豔到吾鄉

黄姑曾爲點冰肌亦有緇塵染素衣何似臙脂天賜與暗
香猶在是耶非
爲君手種向南牕誤認昌州移海棠元是玉妃生酒暈帳
中仍帶返魂香
前身施粉忌太白今日施朱恐太紅説似旁人剛不信清
香萬斛在花中
殿後鞓紅色漫穠絳桃空自笑春風何人擊碎珊瑚樹惱
得瑶姬面發紅
舊見寒梅蠟蔕紅甯知沁入雪膚中絶憐金谷佳人墜到

地餘香散曉風

梅花幾種盡相鬬老矣才欣見此君相與對花文字飲絶
勝歌舞醉紅裙

人間丹桂亦微黄未見紅葩解有香惟喜此花兼衆美蘑
臍薫徹絳紗囊

初移湘水一枝春賸馥還欣爲我分夢入山房三十樹何
時醉倒看紅雲

歲晚紅英繞凍柯玉人無那醉顔酡廣平賦就如逢汝鐵
石心腸可奈何

少陵年後詠花開未見臙脂一抹腮可惜當時詩興動止
因東閣看官梅
坡翁著意賦三詩漫說濃香已透肌若見此花應絕倒惜
君生晚不逢時
花品無庸定等差國香國色屬吾家海棠正自慚粗俗莫
問漫山桃李花
不學江頭玉樹寒壽陽紅粉舊妝殘嬋娟可是慚隨俗莫
作金沙鎖骨看
客來試與倚闌干拂拂淸香觸鼻端儘教北人渾不識不

應改作杏花看

全體江梅臘裏芳紫綿新拂漢宮妝臨川借得江梅句傾

國天教抵死香

詩老爲花空自忙想應未識此奇芳青枝綠葉何須辨桃

杏安能如許香

只說梅花似雪飛朱顏誰信暗香隨不須添上徐熙畫付

與西湖別賦詩

縞帬練帨玉爲肌誰點微頳向北枝若使羅虬見顏色定

須將此比紅兒

自昔梅花雪作團紅梅晚出可人看江梅不解追時好祇
守冰姿度歲寒
舜廟　林景熙
老斷熏絃萬壑幽三千年事水空流衮衣剝落星辰古野
廟淒涼鹿豕遊孝友風微惟舊井神明胄冷尚荒邱九疑
回首孤雲遠老眼斑斑盼楚舟
泊上虞驛來日行　陳造
梁湖莽蒼外後去未云遲縣市容吾戀江潮不汝期
月夜下通明堰　元　柳貫

挽舟下通明㳂霄落潮後兩挺纔負軛十夫齊奮肘引重如舉虛欻過姚江口細水不生鱗月色金光走蟹窟在蘆根西風吹澤藪開蓬挹微涼衆黔予白首欲持浩浩歌往和嗚嗚缶隔雲呼長星勸汝一杯酒

虞邱孝子詞并引　楊維禎

顧亮會稽上虞人也父珪倡義兵拒海寇與鹵邵仇至正戊戌冬邁里古思引兵東渡珪爲鹵所害亮時年十五每有推刃報仇之志而未獲遂也閱去十餘年過余道其事揮涕哽噎髮盡豎予悲其志爲作虞邱孝子詞

以繼古樂府云

虞邱孝子父仇未雪長劍柱頤蕺草在舌夜誦獨漉篇涕泗盡成血嗚呼頭上天戴昏曉千金去買零陵之匕刀虞邱孝子心始了

丁酉二月二日訪魏仲仁仲遠仲剛賢昆季別後賦詩

明　高　明

隱君家在越江邊烟雨江村繞舜田玉樹郎君宜綵服紫荆兄弟正青年山雲曉暗讀書屋湖水春明載酒船何日重來伏龍下參同契裏問神仙

子素先生客夏蓋湖上欲往見而未能因賦詩用東仲遠
徵君　高明
夏蓋山前湖水平楊梅欲熟雨冥冥吳門亂後逢梅福遼
海來時識管寧野霧連村迷豹隱江風吹浪送魚腥伯陽
舊有參同契好共雲孫講易經
次竹深隱君入邑感懷　陳敬
世上交游能百歲笑談那得蓋頻傾雜耕原野仍無恙將
老菟裘或可營城市近添沽酒肆人家況有讀書聲買舟
好向籬邊繫門外湖波與海平

奉柬仲遠隱君　于德文

先生高尚住山林，已遂初年隱者心。藥徑有花時酌酒，竹窗無月不彈琴。文章西漢全宗古，人物中州又見今。秋滿南朝小亭榭，扁舟還許一相尋。

乙巳春三月八日和仲遠近作二首　錄一　鄭彝

雲林深處地仙居，閒伴老樵尋老漁。吟屐倦行呼釣艇，酒壺倒挂在柴車。亂離時世全高潔，滄樸山川似古初。江上春晴來訪舊，桃花簇簇雨疏疏。

春日有懷仲遠徵士賦詩二首　毛翰

抱病惜芳景衡門掩春風乾鵲似相語飛飛鳴屋東唼唼不少休起我步庭中鵲去故人至手持書一封問答未及竟遠道情已通開緘感鵲意含笑歸房櫳

鏡湖不可去還憶夏蓋湖其源翳林麓其隈散荷蒲扁舟四五客美酒一百壺狎弄魚鳥間簸蕩雲水區放情恣游泝忘彼形勢途晚尋烟中塢猶足憩斯須幽花列妓女明月侑盤盂長嘯來天風濯足亂江梟庶幾永終日聊樂以爲娛

七月二十日翰林東署有懷竹深高隱兼柬上虞諸故人

唐　肅

退朝坐東館新涼曙雨餘禁溝聞躍鯉掖柳見翔烏抽毫演綸命紀史宣皇謨器覽周天府書尋漢石渠君恩固深被舊隱復情紆越里迹遥巘曹江限大瀦昔從諸友樂今成千里疏無由聆晤語聊復詠踟躕所慰非尺璧持此託雙魚

仲遠隱君自錢塘道過學詩齋信宿而別見示客中佳章五首因和韻以答枉教之意

趙　俶

數年爲別長相憶客裏從容願不違揮麈高談風滿席翦

鐙深夜雨侵扉西湖華館題詩遍剡曲扁舟盡興歸賴有紅兒能慰藉祇愁別酒涴征衣

娥江　　方孝孺

娥以孝爲本江因娥得名至今潮漲落猶帶哭爺聲

東山　　李東陽

謝公昔卧東山麓山中無日無絲竹美人笑捧如花顔飲酒賦詩歡不足古來同樂必同憂公能不爲蒼生謀征西司馬亦何事猶使桓兵窺上流賊兵在郊公在墅天中江水局中賭老温病死强秦奔一代功名荷天與太平宰相

休云云淸言非罪亦非勳四郊多壘一身樂吾憶治城王
右軍
答陸克深次韻克深名淵之　李東陽
浮雲如雪亂春晴郤怪行時路未平杜老霧中眞潦倒韓
家花裏較分明星奴不逐窮詩思風伯空勞訟雨情忽有
淸詩慰愁寂疏燈細字與誰評
輓潘南山　王守仁
聖學宮牆亦久荒如公精力可升堂若爲千古經綸手只
作終年著述忙末俗澆漓風益下生平辛苦意難忘西風

一夜山陽笛吹盡南岡落木霜

雙筍石　王守仁

雲根奇怪起雙峰慣歷風霜幾萬冬春去已無斑籜落雨餘惟見碧苔封不隨衆卉生枝節卻笑繁花惹蝶蜂借使放梢成翠竹等閒應得化虬龍

罷上虞丞歸　濮陽傳

便掛徽冠去去休梅花一路伴歸舟傍人且問官中事但答今無夢裏愁

寄夏宗虞　濮陽傳

折柳寄流水搖搖意滿川蘿巖春在望黃獨暖晴烟

送趙某丞瓊山偕乃弟贛川與國史並往之任　　徐渭

三千里外梅花嶺十八灘邊雁序心一葉烟中親渡海雙鳧堂上伴彈琴官廉合浦珠仍返鵬在南溟縣正臨（原注：孟嘗還珠亦上虞人海公名瑞者正其治也）匹馬儘堪長問政雙崧應塹輟高吟

送鄭省龍北試（省龍名一麟）　　徐渭

海國釣鼇客春城飛燕時雙花搖馬上一日徧京師明月連城璧重瞳聖主知昌圖頻清瘦不怕賜驢騎

蘭芎山　陶望齡

飛欄跨閣跡俱陳嶺翠江光興亦新丹井汲雲香帶藥斷碑嵌壁蘚生鱗僧閒自打鐘迎客路穩翻嫌杖累人怪底雙眸清不寐幾番湖海浣灰塵

金壘觀謁魏伯陽先生像　本朝　黃宗羲

康節先生學雲牙伯陽字實啟途郎今攀故宅還似玩河圖金壘觀四面山五行奠位世遠丹泉竭兵餘老木枯淒涼遺像設寄位在東隅

觀虞邑賽神　黃宗羲

十月農功畢迎神舉國狂吹簫邀鳳女鳳鳴眞人乘馬看桑王桑王水神乘馬而迎野祭當街設優歌徹夜長不將城郭視只道是豐穰

遊蘭芎山福仙寺　羅坤

碧嶂摩雲霄蒼寒峰勢削磴道捘雲林藤蘿護丹壑上有仙人居紫芝細烹瀹丹成久已去時還華表鶴至今地脈和年深産靈藥高寺有碑文苔痕字摧剝我來登山巔石浪何磅礴亦如奔怒獅衆獸相驚愕俯瞰烟霞低微茫見城郭夜半鳴江濤沉雷蟄山腳緬懷稚川翁馭氣欣相託

輓倪文正公　杜肇勳

不能留社稷何敢惜吾身地碧千秋血天成一代人乾坤終大運日月捧孤臣舉世方行素先生獨取仁

懷舊偶成　王士正

吾家有方平雅志託林壑拂衣早歸耕貂裘行采藥卜築沃川墅垂釣上虞郭邈矣孔阮儔遐哉箕潁樂瑯琊多龍鸞羨此雲中鶴

曹娥廟觀渡二首　朱彝尊

問渡要津吏沿流信楫師江空鳴社鼓風細颭靈旗遂入

曹娥廟同觀漢代碑浮江千載恨猶有弄潮兒

小小耶溪女潛來事禱祈罷歌河女坐不上越航歸晉書夏統傳曹娥沈後國人哀其孝爲歌河女之章斜日明金闕涼風到錦幃還持白團扇搖動五銖衣

送錢六霍朱大士曾同游白下　朱彝尊

高詠方從月下聞佳書猶未换鵝羣一朝竝馬金陵去閒殺羊欣白練裙

東山卷柏　全祖望

山居誇卷柏萬代長不死出之憔悴中一勺即色喜阿儂

亦枯楊一綫餘生理何時吹葭琯爲振餘生起

聽李進士瀛彈琴　劉正誼

積雪明虛牖皎月穿疏櫳空庭雙桂樹碧葉烟濛濛青蓮寫清興幽響馳絲桐一彈珠錯落再鼓玉丁冬五湖流烟雨平沙落飛鴻神旋遊六合聲旋唳太空乃知七尺木至理含無窮彈罷合雙目餘韻爲清風（五湖烟雨雁落平沙神遊六合聲唳太空俱曲名）

題李三山主政養眞軒　劉正誼

叢桂森森一畝園擘窠字署養眞軒濬池種石雲光冷藝

樹裝欄花影繫身是函關百二尹三山前宰秦中家傳道德五千

言湘簾拚處藏丹竈守箇仙姬櫻口樊

梓澤蘭亭歎八荒平泉重得覩新莊情貪邛壑眞堪羨癖

是烟霞最不妨竹遊輕雷穿隔圃花飛晴雪過鄰牆我來

長破梨雲甕挂節松枝送夕陽

贈倪恒園案恒園名會宣文貞公子會鼎弟也　盛唐

四壁圖書擁百城天官占候術尤精未隨太史陳休咎且

共山農較雨晴抱膝隆中梁父詠觀星臺上少微明朝廷

若與咨疇範寒燠均調世太平

上虞訪周叔茂不遇　趙殿成

泊舟驛亭渡沿徑入溪灣流水數家遶柴門一帶闃無人迎野客有犬吠深山徙倚日云暮高低飛白鷴

謁倪文正公祠　李式玉

國破身難惜時危事已非君臣同患難朝野有光輝月落一燈暗風生匹馬歸城西才藁葬行路各沾衣今辛亥冬始營葬事

陳彝白先生出示秋林指墨賦贈　金維丙

彝白先生眞健者以神爲車尻爲馬胸中五岳盤輪囷放筆時時快吟寫龍山蒼竹圍成村日與烟霞相吐吞清泉

白石互明瑟高人奇士爭攀論輿酣解衣忘主客鳳咮龍賓忽狼籍鵾溪一掃千尺强能事居然受促廹我來展視秋林圖寒嵐慘淡烟模糊數峰清峭霜葉赤爽氣霏霏生座隅昔年曾走西江道三十六灣秋色好夾隄楓柏照人明風光頓換容顏老彈指音塵廿載餘摩掌此幅共嗟吁多君腕下通神筆作我腰間記事珠人生佳景誰能拾入眼何須辨眞假高懸不厭百回看彜白先生眞健者

經蘭風山下郎王方平釣處　吴綸文

江迴山路斜日映楓林赤藐藐釣魚磯臨流標爛石垂竿

事已遥清風餘舊跡茍無伊吕功輕出終何益哂彼賭墅人偏安折尸屐遐睇懷之子悠然如可即獨詠寄蒼茫孤鴻隱寒碧

七寶林弔倪鴻寶先生　孟駪

元禮龍門正里居浙臣特起議軍儲巖巖擊賊司農笏烈烈誅奸太史書樽酒孤臣酬壯繆哭庭大義付包胥文山不得黄冠老愁向星壇聽步虚

夏蓋湖　邛允玉

嚴程早發起披衣夢遠雞聲出郡微得月水光先曉白向

晨星影透林稀帆穿敗葦移村過風捲崩河作雨飛到處
浦田耕未起野農何以救朝饑

自蘭芎山至葛仙洞　劉傳錦

欲雨不雨雲出溪上山下山風吹衣藏鹿巖竹一叢濕送
客野桃千片飛磵戶陰森有龍蟄烟堂窈窕無人歸仙靈
難遇春將逝看月回舟未覺非

蘭芎山　胡浚

驛西沽酒去渺渺布帆開鳥墮江雲動潮鳴山雨來釣磯
餘古木丹井認荒苔予亦高情者翔鷗莫浪猜

蘭風山訪宋隱士王方平垂釣處　商盤

勝地殷勤不厭探瑯琊隱跡隔烟嵐寒光一色鳥銜破八尺珊瑚沈古潭

屢爲名山入剡中半醒半醉泊孤蓬垂綸姓氏無人問長使溪山占戴公

書倪文正竹石畫卷後　蔣士銓

君子立身同竹石每與風霜爭氣力猗猗獨挺寒瘦姿磊磊常矜嚴冷色倪公貞介立朝右石骨錚稜竹竿直心憂大蠹踞鈞衡目瞬此璫如鬼蜮形廷未燬三朝典講幄空

陳十六策竹頭不屈石難轉司農之笏豈勝擊偶然縱筆寫橫卷勁氣稜稜穿楮墨廣平鐵石貫梅花坡老槎牙浮雪壁忠臣風骨義士節隨處淋漓收不得思公遺像那可見展卷似瞻公坐立

驛亭堰舟次謁餘山先生　桑調元

拔堰衝寒渡驛亭扁舟得仰古儀型春初海月當空白雪後湖天分外青徵國千秋論統系姚江今日肅門庭側聞十五男兒志傍舍從容願執經

驛亭懷舊　桑調元

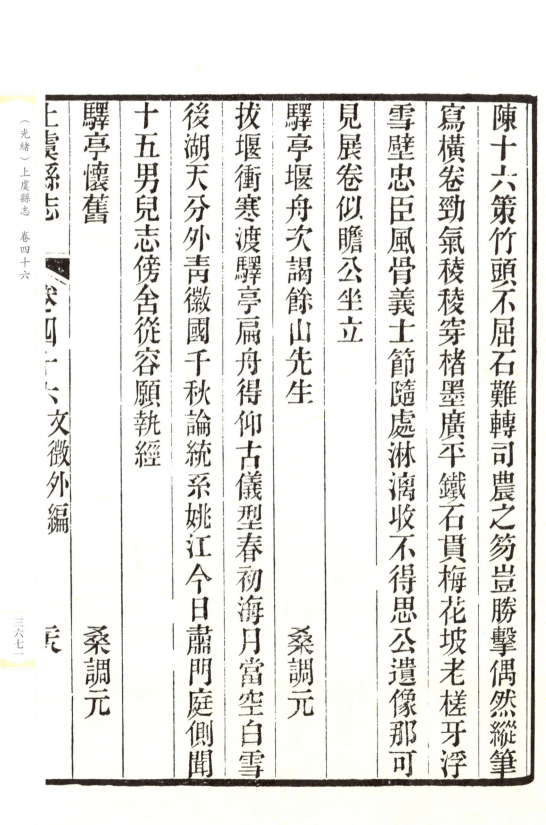

堰頭流水浩茫茫寒夜同舟故跡荒一老山頹滄海曲諸生雷慟白茅堂布衣講席參新建竹簡遺書續紫陽東下逶迤長壩路青天明月黯神傷

舟夜望夏蓋山　桑調元

夏蓋山連夏蓋湖遥看萬仞插虛無雲來神鬼從空下月出魚龍破浪趨漲海荒寒留此土扁舟狂醉屬吾徒依稀夜渡經揚子烟擁焦山一點孤

驛亭堰懷舊　桑調元

幾年逢掖滯京門此夕烏蓬下水村隴上秋風吹宿草堰

頭人語鬧黃昏湖波淌洗塵埃色江月流連涕淚痕莫怪哀歌扣舷起差池心事不堪論

渡百官江　　桑調元

沙路兼乾溼牛蹏雜後先雲烘千嶺樹舟漾半江烟茗椀清瞳注茅亭倦足便年光捲飛瀑催老石崖前

雨望夏蓋湖　　桑調元

湖面晝濛濛雨脚挂天半墨蒸夏蓋雲散作白汗漫崩浪跋神魚荒陂聽饑鸖芳草渚田生界水平如案圍空漲春嵐入海青不斷屏翳繪此圖推篷納奇觀孤舟道風吹篙

力破湍悍松巖趨驛亭烟中人語亂

五夫舟行　　桑調元

汀塢寫水竹海鶴巢雲松石橋空波偃活泉沸淙淙衣蓑水田立毋乃谷口農行舟一犬吠岸斷烟溪重古虬滴春雨唐荒失春蹤殘花黏去棹清景沿緣逢罨畫澹相屬層巒秀前峰

渡百官江易小舟　　桑調元

依依故鄉路一葦亂舜江江面非濶遠風湍激奔瀧行客競利涉沙岸相春撞臨江虞帝祠神鼓秋逢逢傚屣帝天

下陋彼巫言哤髣髴白雲陰三妃舃靈幢小憩重華亭水石鬪寒淙斜陽澹流影魚艓無蓬窗夕風起潮溆飛過白鷺雙

渡百官江　桑調元

獵獵回風亂落霞百官江上布帆斜寒雲半鎖巖腰樹濁浪平淘岸腳沙雨雪連朝迷客渡塗泥一尺困牛車莫嗟行路難如此好就津頭賣酒家

上虞道中　阮元

曹娥江外驛籤長百曲清溪繞石梁夏氣出山雲莽莽晴

烟歸壑水浪浪風前高樹吟蟬早橋外平田吠蛤涼卻羨
老農芸稻畢一般閒意立斜陽

上虞縣　阮元

曲水平穿岸長林綠壓垣石橋多似路山縣小於園白舫
依官渡紅梯倚戍墩劇憐溪谷裏考績尙稱繁

渡曹娥江　阮元

雨歇雲意嬾霽色動孤岫曉渡餘薄寒初陽出春晝重山
既清深衆松亦喬秀叢祠扃幽闥破碣不可讀登舟幽抱
愜徵江淨無滓緬懷東山人淸望著華胄委懷山水間風

鶴已奔走孤情每自揆所耆諒非厚行矣及中田艮苗正

華茂

梁湖道中　阮元

屈曲梁湖水舟行亂過橋山深皆有路浪靜不通潮暮色

浮松頂清香動麥苗謝公吟賞處蹤跡祗漁樵

過謝氏東山　阮元

雲水東山春放船謝公屐憶當年蒼生寄託傷遲浩青

史功名冠石立搁飜有人知唳鶴圍棋無暇笑投鞭始甯

殘墅今何處惟聽風泉似管弦

孝娥江　焦循

西望錢塘百里遙孝娥江口夜停橈青松鵠立白雲起鐵弩不鳴秋不潮

復過梁湖　焦循

面面層巒生遠烟梁湖春色更逾前沿溪樟樹葉俱落放徧一山紅杜鵑

古墓瘦藤懸老柏石橋流水徹殘沙農夫閒立牯牛卧紅雪滿田開澱花

題何蘭谷仙槎漁隱圖　吳熹

豳尚不可遂人事苦束縛往往對丹青便思置邛壑同志
得幾人耦耕昔空諾君家近東海時見仙槎泊斗牛不易
到浮家跡可託先人有草堂臨水數間作似我遺世意遠
遊極寥廓忽忽歎形役匆匆別猿鶴春雨走長安冬心繫
林薄畫師寫退心山川慰牢落漁隱事不同適我解何索
君負匡時才宜後天下樂我拙當速歸且幸進退綽

孫均

漁浦江村一畝宮仇亭南岸賀臺東支頤手板看山去吏
隱孰如何仲弓

尊前苦憶舊漁磯京洛緇塵未拂衣記否江村寒食過春潮如雨鮆魚肥

黃鶴山前碧玉流藕花洲畔鼎湖秋吳儂也與漁兒約屏當頭銜號故侯

朱爲弼

我聞尚父廣張釣風雲乃叶龍离占又聞羊裘釣澤瀨客星帝座騰光炎丈夫出處應時會豈甘蠖屈安豹潛魚星有耀魴鱮熟綸竿所得輸酒帘西塞山頭元眞子綠簑青箬霑廉纖更有笠澤載茶具夜夜蕩槳看銀蟾世人進退

苦局促每於廣厦懷茆檐歸田强著芰荷服中宵貫瀣思朝衫此輩鄙夫吾早鄙宣尼所斥應夷芟君家山莊始盆墅謝公屐齒苔曾黏白雲綠水尙相裒仙都碧洞淩丹巖鑑湖一曲賀監宅寶書萬卷鄴侯籤菰蒲蕿芡足租稅施呂不賴舟鮫監官閣梅舒擘箋詠疏籬菊綻搴帷覘橦稊一區杜康姤栽蘆百頃窮士饞何爲去此走日下東中閒、卻青蒲飄只因赤緊需製錦惠文冠仩加冰銜虁龍滿朝君亦儁蒼生黍雨期無憖他時報最朝玉陛依然清白超雞廉相期遂初返梓里樵兄漁弟同辛甜三山天外風引

去釣鼇行住蓬萊巔

題王石友秋江鼓棹圖　李方湛

晚山漠漠水迢迢中有詩人放畫橈絶似西湖南畔路夕陽紅樹第三橋

今年曾訪天香閣門對青山樹倚樓想見硬黄初拓罷烏篷小艇獨尋秋

題袁孝子翊元孝子以救母死於火　李方湛

入火出火不知火火如焚母甯焚我風聲火聲人哭聲中有病母呼兒聲是時烟黑燄愈烈三入尋聲負母出頭焦

頟爛痛入心嗚呼母死痛更深嗚呼母死兒亦死至行何
不上　天子

方外

剡溪舟中望謝太傅東山舊隱　　國朝　釋正嵒

晉人名理宗莊老剡縣風流説謝支雖爲神州鍾紫氣令
人卻憶馬駒兒

東山晚眺　　釋智慎

曳杖窮高遠開襟物外時徑荒蕭帝寺門掩謝公碑樹色
翻煙浪潮聲捲釣絲始甯池上月清露滴松枝

上虞縣志卷四十六　　文徵外編一

上虞縣志卷四十七

文徵外編

制誥

新除開府儀同三司充萬壽觀使楊次山辭免不允詔

宋　樓鑰

朕維新庶政豫建儲闈屬時戚畹之賢久安均逸進視鼎司之貴豈曰示私卿素迪忠勤居懷靜退謹容儀而就列允爲耆艾之英養威重以閨門尤服滿盈之戒逮茲播告曾靡異辭覽巽牘之亟陳顧謙懷之難徇其祗成命毋咈

予褒

右武大夫文州刺史知閤門事楊谷辭免除觀察使不允

詔　　　　　樓鑰

爵惟馭貴當昭示于至公恩以及親遂優加于彝典卿起由戚畹列在朝紳入儀賓閤之司歸服家庭之訓克存孝謹不見驕盈爰稽閱歲之勞超進觀風之秩需章來上幾不自勝涣汗既頒固難曲徇其益堅夫素履庶長保于令猷

右武郎知閤門事楊石辭免除觀察使不允詔

樓鑰

名器至嚴豈容于輕授恩榮加厚遂越于常規卿毓秀后家通班朝路素有義方之訓密參賓贊之司居存忠勤深避權勢爰攷踐敭之舊躐升廉問之華成命既行固難反汗遜辭來諗尤見益恭其體至懷以永終譽

開府儀同三司楊次山生日詔　樓鑰

卿志樂燕閒躬持廉靖時當初度宜介多祥是爲戚閈之華爰厚上方之錫

知閤門事楊谷乞祠不允詔　樓鑰

卿戚畹之良周行素謹職司賓閤寵畀廉車忽來祠館之閒欲侍家庭之佚且弟兄並列于朝簪以何嫌倘父子退休在眷私而有歉惟益崇于謙靖亦奚慮于滿盈其服厥官毋庸有請

楊次山再辭免開府儀同三司不允批答　樓　鑰

省表具之朕愛惜名器惟賢是予由掌武之官而視儀揆路品職益崇其可輕畀卿以肺腑之親服在爵位靖共自飭廉介有餘爰示優恩用孚至意而又何辭焉毋復重陳亟宜就列

口宣有敕卿聯芳椒掖均逸琳宮爰開公府之華實覩
台躔之貴其祗茂渥毋事牢辭

上書

上薦孟嘗書　　漢　楊喬

臣前後七表言故合浦太守孟嘗而身輕言微終不蒙察
區區破心徒然而已嘗安仁宏義耽樂道德淸行出俗能
幹絶羣前更守宰移風改政去珠復還饑民蒙活且南海
多珠財產易積掌握之內價盈兼金而嘗單身謝病躬耕
壟次匿景藏采不揚華藻實羽翮之美用非徒腹背之毛

也而沈淪草莽好爵莫及廊廟之寶棄於溝渠且年歲有訖桑榆行盡而忠貞之節永謝聖時臣誠傷心私用流涕夫物以遠至爲珍士以稀見爲貴槃木朽株爲萬乘用者左右爲之容耳王者取士宜拔衆之所貴臣以斗筲之姿趨走日月之側思立微節不敢苟私鄉曲竊感禽息亡身進賢

書

上虞帖　宋　陳彭年

上虞素出四縣紗欲煩置一端慮公不見允不敢寄錢去

果或相諾卽後便寄錢或銀子去欲然得絕佳者爲妙或欲以所直置蘇物及留太君處皆可也然亦無固必可否俟命而已彭年上

右大中祥符參政右僕射陳文僖公上虞帖見岳珂寶晉齋法書贊珂曰一紗之置委曲鄭重如此又有以攷先朝士大夫約素之風焉

答潘恭叔書　宋　朱熹

示諭爲學之意甚善然不須如此計較但持守省察不令閒斷則日用之間不覺自有得力處矣讀詩之說甚善頃

見祁居之論語說此一段亦好大槩如來諭之云也其他各據偏見便爲成說殊不能有所發明此固無足怪者而伯恭集解首章便引謝氏之說已落一邊至桑中篇後爲說甚長回護費力尤不能使人無競不審亦嘗致思否近年讀書頗覺平穩不費注解處意味深長修得大學中庸語孟諸書頗勝舊本禮記須與儀禮相參通修作一書乃可觀中間伯恭欲令門人爲之近見路德章編得兩篇頗有次第然渠輩又苦盡力於此反身都無自得處亦覺枉費工夫熹則精力已衰決不敢自下功夫矣恭叔暇日能

爲成之亦一段有利益事但地遠不得相聚詳訂爲恨如欲爲之可見報當寫樣子去也今有篇目先錄去此又是一例與德章者不同也綱目亦若無心力了得蓋心目俱昏不耐勞苦且更看幾時如何如可勉強或當以漸成之耳

又　朱熹

學問根本在日用閒持敬集義工夫直是要得念念省察讀書求義乃其間之一事耳舊來雖知此意然於緩急先後之間終是不覺有倒置處誤人不少今方自悔耳詩說

已注其下亦未知是否更告詳之大抵近日學者之弊苦其說之太高與太多耳如此只見意緒叢雜都無玩味功夫不惟失卻聖賢本意亦分卻日用實功不可不戒也范公立子之說誠有未盡然太王之明太伯之讓王季之友皆有非唐高祖父子所及者蓋此意思不是一朝一夕揑合得成故范公竊守經據正而不敢據以用權達節論之也儀禮已附高要范令去不知今已到否此等功夫度有餘力乃可爲不可使勝卻涵養省察之實也

又　朱熹

敬之一字萬善根本涵養省察格物致知種種功夫皆從此出方有據依平時講學非不知此今乃覺得愈見親切端的耳願益加功以慰千里之望禮記如此編甚好但去取太深文字雖少而功力實多恐難得就又有擔負耳留來人累日欲逐一奉答所疑以客冗不暇昨夕方了得一篇今别錄去冊子必有别本可看卻且留此俟畢附的便去也儀禮附記似合只依德章本子蓋免得拆碎記文本篇如要逐段參照即於章末結云右第幾章儀禮即云記某篇第幾章當附此此亦自便於檢閲不必載其全文只如禮記即云當附

儀禮某篇第幾章又如此大戴禮亦合收入可附儀禮者附之不可者分入五類如管子弟子職篇亦合附入曲禮類其他經傳類書說禮文者並合編集別爲一書周禮郎以祭禮賓客師田喪紀之屬事別爲門自爲一書如此郎禮書大備但功力不少須得數人分手乃可成耳所諭讀通鑑正史曲折甚善學不可不博正須如此然亦須量力恐大拽出精神向外減卻內省功夫耳

答潘端叔書　朱熹

示諭講學之意甚善甚善但此乃吾人本分事只以平常

意思密加懇實久遠功夫而勿計其效則從容之間日積月絫而忽不自知其益矣近時學者求聞計獲之私勝其於學問思辨之功未加毫末而其分畫布置準擬度量之意已譁然於其外矣是以內實不足而游聲四馳及其究也非徒無益於己而其爲此學之累有不可勝言者惟明者思有以反之則朋友之望也

又　　朱熹

示諭子約曲折甚當渠所守固無可疑但其論甚怪教得學者相率而舍道義之途以趨功利之域充塞仁義率獸

食人不是小病故不免極力陳之以其所守言之固有過當若據其議論則亦不得不說到此地位也承需論語或問此書久無功夫修得只集注屢改不定卻與或問前後不相應矣山間無人錄得不得奉寄可只用舊本看有不穩處子細諭及卻得評量也今年諸書都修得一過大學所改尤多比舊已極詳密但未知將來看得又何如耳義理無窮精神有限又不知當年聖賢如何說得如此穩當精密無些滲漏也

答潘端叔　宋張栻

大抵讀經書須平心易氣涵泳其間若意思稍過當亦自失卻正理要切處乃在持敬若專一工夫積累多自然體察有力只靠言語上苦思未是也事親之心至親至切古人謂起敬起孝更須深體而用力焉

答潘端叔　張栻

細觀書辭有務實近本意味良慨所望致知力行要須自近步步踏實地乃有所進不然貪慕高遠終恐無益近來士子亦往往有喜聞正學者但多徇名遺實反覺害事間有肯作工夫者又或不耐苦辛長遠若非走作即成間斷

亦何益也吾友勉之論語不可一日不玩味伊川易傳亦宜細讀某近年來讀此二書益覺有深味耳

答李孟傳書　宋 孫應時

前歲秋得侍見鄞江其後歲除始聞遂安趣戍去春匆匆此來不及以書稟敘非當時敢隱情不言也今歲二月郡中候吏遞至尊翰乃去臘所賜得審解組東邑晉階副郎不勝鄉曲區區贊慶之私惟中興大臣子學術治行雖美不墜巋然獨殿諸公至今惟門下一人向來掩抑棄置人亦無謂旣自脫吏部常格及齒髮未衰聲績昭著近臣大

官宜可亟開薦口引寘臺閣矣然猶未聞何也某孤生小物汩沒沈濁乃分之宜心所兢兢惟恐負名義毀廉恥爲父兄師友羞敢有他冀仰軫愛念感愓何言稟謝稽遲負罪甚大併丐昭亮

又　孫應時

前年拜書蒙賜答之重去冬喜聞千騎西征失於偵伺修賀已而瞻望逾遠竟缺音敬區區慕仰之心無日不馳於廬阜之陰湓浦之側想象庾樓風月如聆嘯詠之音也便中忽領教札存問温厚重拜藥物之惠極濟所乏惟愛念

不忘以及於此感激欣懼不知所言春淺尚寒伏惟凝香
燕寢台候神相萬福某領邑奉親不辭疲劇亦不暇顧計
利害禍福偶幸臺府豈弟長者闊略保宥使得稍安今替
期尚兩月偷遂善去便是過望實皆門墻有以芘之敢不
自知九江名郡於今益爲要地兵民相錯商賈輻湊權重
體尊然實無事可以閉閤臥治至於經遠預防之慮又未
免如尊旨有扼不得爲者且復輕裘緩帶品題巖壑彈壓
江山以須賜環之下趣登禁近以究賢蘊尚餘侍見伏紙
飛越

答潘太博書　孫應時

某頓首再拜端叔提幹尊兄昨養源來曾附謝牘中一紙之賜後兩日又領歲初惠書不肖無狀荷朋友不忘棄甯不敬感某擬燈夕後過四明歸當詣兄款别已而無暇沈兄過上虞云當來訪遂留俟之二十六日沈兄來二十九日僕繼往又數日回體中感冒不可風自初十後日日具舟欲行不以事牽輒遇風雨今則行日已迫定不暇遠出矣四方師友常若隔闊吾輩鄉社近耳猶不能合并如此固坐不勇又或尼之良自歎某齒長學荒方願專靜讀

書且常有負笈武夷之想偶茲趣戍當復投身朱墨間職分誠不敢不敬然德薄才短懼便爲俗吏猶未必勝任爲吾黨羞惟兄愛我素厚幸一一教之歲月飄忽兄終制亦復不遠小心敬德舉動準的古人毋爲精神意氣所軒舉而不自察區區亦甚有欲面論者不及究也時中節抑自重不宣

答潘宣幹書　孫應時

某頓首再拜恭叔縣尉尊兄向來家居固常欲一詣自請作旬日款今當遠役咫尺心交之地乃不能面別而去吾

輩大抵不能擺落俗狀以追古人風味此亦其明驗而先
施之責在某負愧尤多矣區區自解略具端叔書每見養
源說兄篤志近思朝夕從事工用益密意度益遠自省荒
落無狀極思相從以求發落況兹不踐試邑恐賊夫人之
子兄不棄我何以教之虛心克己固是難事從來師友交
以相病僕誠不肖竊自感厲願箸鞭焉兄毋疑其不受而
嗇於言也沈季文兄要是强毅截然不繳繞媚世眞古學
者氣象他日宜相與展盡餘懷不及究惟千萬强食自護
不宣

回上虞杜君昆仲啓　　宋樓鑰

伯氏決科出世員成于一佛華宗積慶克家又見于二難琴劍踵門文書銜袖大篇見憐才之切長箋知種學之深陳義甚高撝謙似過有如衰悴自揆庸疏論道德則虛負于初心言文章則難追于古作徒勤盛意祇益厚顏尚冀融明均垂孚照

與吉州守劉漢傳書　　宋文天祥

某澤顆裓甤寫文心心同壼閣下昭隣好也某日從郵置得辭我私盈盈一水間鼓宮宮動鼓角角動精神流注絶

出翰墨町畦芳菲菲兮浩蕩何極欽以某官吐吞玉匱之
風煙披拂青藜之光歘卿雲甘雨含天地之至和古柏蒼
松烟雪霜而獨立小駐星河之棹頻分江國之符春靄祷
禱神螺灩漵雨籠絃誦振鷺漣漪鈍爲銛而頑爲廉瘦者
膏而瞶者醒兵衛森畫戟小宴清香衣冠拜紫宸佇班黃
道某宿萌園杏文尾朝花蒙霧一壓稽首錫類揭來空同
窈倚五雲多處楚波之及晉魯㭊之聞郫川媚山輝沐浴
今雨則所以講信脩睦者柰何以簡陋廢杂杂澗蘋以明
有敬玻璃一碧此心俱東

又

某日摩挲空翠端飭側理以進之集古諸書之側蓋於門牆辱好有三焉園杏之齊盟也朝花之未至也三間風雨託於君侯之土地也而豈但曰小國之於大國也有交隣之道焉謙齋先生不以小人之美芹者爲僭而察其以明有敬之私是能容之其宏多矣介使踵來辭曰報聘庭實維旅芳菲彌章是何君子施禮之周執德之信而僕何以當之抑傳有云長者賜不敢辭取數之多亦祗以愧赧去吉一水三百里而氣候風上與習俗事事不同未春已花

方晴卽熱山川之綢繆人物之伉儷大概去南漸近得天地陽氣之偏看來反不可以刑威攝而可以理義動書生出其迂闊之說嘗試一二觀聽之間稍覺丕變奉令承教於君子尙願維今有聞以淑厥後廬陵之政識與不識皆云一佛出世山川出雲時雨流動此爲霖之善者機也民歌路謠徹聞京師天子明聖恩光言遠某雖不敏尙能取皇甫公韻歌和之占謝之次寫其輪囷甯不嗣音如此江水

又

某介持薄雲之誼忘其爲瀆僭有願陳吾鄉歐陽巽齋先
生講學天出從遊滿門登科三十年獨處環堵晚見召擢
一再登朝先生居之淡如也其修於家終日清言接引後
進未嘗爲擔石謀捐館之日囊無餘貲諸生爲集喪事慫
慂人生惟死乃見眞實嗚呼先生之風可使懦夫立也其
子僎字資深世先生之學頹然布衣禁路諸公每以鄉先
生殁而以無澤爲缺典有欲從化地言者人情好德信不
相遠先生不以貨財遺其子而資深亦復能守拙安貧與
乃翁相似區區謂文獻所屬吾輩當相與輔成之大抵樂

善若不及又於巽齋爲庚午同朝倘念其孤特分廪俸月資送之使先生之子不至乏絶非惟使爲善者加勸而名公念舊下士之盛心所風厲遠矣某旦夕亦謀具辭幣聘資深至署齋庶幾前輩之典型斯文之夙昔念同志猶有如門牆者故輒以書至焉當暑紊聽慚汗瀋流伏乞台照

序

皂李湖八咏詩序

元　徐勉之

皂湖八咏者吳興莫君嗛甫倡咏之什也君居湖之陰世業儒著農桑要覽藏於家書無逸二大字揭諸齋居以示

子孫服勤隴畝而遺之以安焉介佚老之時偕縉紳士友相從宴樂或操舟載酒而往或步屣行厨以隨遇遊於湖山之間盤桓歷覽取湖南杜君故址昔風雨漂沉者曰杜墩夜雨北有山名鷓鴣郭太守歸藏之處春鳩鳴則雲興雨集曰郭墓春雲湖東有泉出自百畝諸山涓涓不息注之於湖曰瀾嶺泉聲西有閘名陡門地勢高阜水洪則枯建閘爲防曰陡門水勢其姜嶼雪樵馬灣雨牧東阪朝耕西塘晚眺者皆嗛甫自昔遊憩之所也目爲八景公同遊者咸賦詩以品題之大篇短章裝潢成軸謁余爲序展誦

之交湖山形勝可一覽而在目也辭不獲乃謂之曰世之人皆以林壑幽勝泉石清奇之類顔其楣求四方儒碩碩士咏歌以華之者比比焉君特以湖山八景卽其名實作詩以記其事誠有以禆於農政而關於民風可尚也耶夫豈爲遊觀之美景物之娛而已哉嗛甫讀書而好善力穡以遺安惜其隱德弗耀逍遥遁世將見流芳百世奕葉無窮天必陰隲其允克昌厥門世沾爾湖之澤歟然則八咏之詩非徒作也隨書於首簡俾觀者有所考見焉

風雅囊序

元　戴　良

風雅翼者中山劉坦之先生之所輯錄既繕寫成書其友謝君肅來告曰先儒朱文公嘗欲掇經史韻語及文選古辭附于詩楚辭之後以爲根本準則又欲擇夫文選以後之近古者爲之羽翼輿衛焉書未及成而卽世吾鄉劉先生蓋聞文公之風而興起者也故取蕭昭明所選之詩精擇而去取之至其注釋亦以傳詩注楚辭者爲成法所謂選詩補注者是也他若唐虞而降以至于晉凡歌辭之散見於傳記諸子集者則又別爲篇拔題之曰選詩補遺此外又有選詩續編乃李唐趙宋諸作二編亦皆有注視補

注差路補注凡八卷補遺二卷續編五卷合十五卷以其可爲風雅之羽翼也故通號曰風雅翼願序而傳焉嗟乎文公之學盛矣世之士子能以其才識之所至而知慕效焉者其人豈易得哉雖然詩亦難言也矣昔者孔子删詩以其出於國人者謂之風出於朝廷公卿大夫者謂之雅至於頌則宗廟郊社之所用其體不過此三者而已而其義則有比興賦之分焉然去聖既遠學者徒抱焚餘殘脫之經倀倀然千有餘年之後則亦孰能無失於其間哉文公以邁右超今之學集諸儒之大成詩傳一書亦既脫略

泉說一洗舊失而新之又以爲詩亡之後獨楚人之辭得夫變風變雅之體裁復即其書嚴加櫽括而訓註以傳於是古音之見於今者煥然無遺憾矣先生師之宗之選詩補註旣覩此二書爲無愧而補遺續編亦皆有以成公素志之所欲則其所見何可量哉非其學問之精博曷以有是哉竊嘗論之詩者人心感物而動形諸咨嗟詠嘆者也感於中者有邪正則形於外者有善惡善者法之而惡者戒之皆所以爲教也善之不足以爲法惡之不足以爲戒君子何取於斯焉詩與楚辭旣經聖賢之刪述固已垂教

萬世矣繼是而後以辭章名世者無慮數十百家亦有可取以爲教者乎抑亦有未然乎漢魏及晉蓋皆去古未遠流風餘韻猶有存者唐宋遠矣時則有若杜少陵韓昌黎諸人有若王文公及我文公亦皆豪傑之士不待文王而興者取以爲教詎曰不然嗚呼此文公所以有志於采擇而先生因之取則也世之學者誠能從事於斯探之補註以濬其源廓之補遺以博其趣參之續編以盡其變而又養之以性情之正體之以言行之和將見温柔敦厚之教得諸優游滛泆之表則所謂羽翼風雅於斯世者蓋亦庶

此序可刪

乎其有徵矣然則先生是書雖與文公諸書並傳可也先生名履其字坦之宋侍御史忠公四孫忠公私淑文公者也固有所受哉

選詩補注序　　元 夏 時 會稽人

自古學道之士未嘗蔑意於世用惟不得行其志則疾沒世而名不稱故或研覃乎六籍推明先聖賢之遺言以啓廸後進爲事或發舒爲著述亦必務乎明天理正人心使不失爲載道之器意謂不如是不足以垂世而傳後也六籍之學自子朱子闡明而大義章章矣而詩傳一書尤其

自謂無憾者也離騷作於屈原視風雅已一變矣雖曰南
國宗之爲辭賦之祖然其跌蕩怪神怨懟激發醇儒壯士
或羞稱之癸必汲汲爲之集註耶蓋朱子蘊忠貞之志經
濟之才而蔽障於權臣不得以致其君爲唐虞三代之治
故託此以舒其憤懣而深嗟永嘆使讀之者慨然興千古
無窮之悲也五言詩之錄於文選視風雅雖已再變然去
古未遠猶或可取以爲後學之準則故朱子嘗欲採輯一
編附于三百篇楚辭之後今劉先生坦之之爲補註也既
更爲之删定又倣詩傳而說之一取則於朱子亦豈無所

爲而爲之耶先生資禀粹而才識明自幼力學即以行道
濟時爲志一遭天下之多故遂落落無所偶悲傷怨慕形
諸詠歌宛然有漢魏以來作者風致況其立心行己往往
自謂無歉於諸人而身處乎窮約世更乎衰亂又或與之
有近似者此所以注意於選詩而必爲之發其旨趣申其
情志使不昧于千載之下也大抵學士大夫所著述不問
其爲經術爲詞章惟言發乎倫理事關乎世教君子必有
取焉于朱子雖託意於離騷其續楚辭也始有取於成相
欲使爲治者知興衰治亂之所自終之以鞠歌擬招又欲

使游藝者知爲學之有本而詞章有不足爲矣先生雖注意於選詩然於蘇子卿也謂其有見夫君臣父子兄弟夫婦朋友之義焉於曹子建謂其止以皇佐稱魏武而視王粲劉楨爲有法焉於嵇阮二子謂其立心似陶靖節而非建安諸子委身事魏者比焉於張茂先謂其勵志於聖賢之學而於道體爲有見焉而於袁陽源也謂其獨能以愛君爲心而於宋諸詩人爲出類焉卽此而觀之則先生之意誠不止爲選詩發矣然則是編之作其有以發揮前人而啓廸後進也不旣多矣乎吁先生雖不得志於時而傳

于後者不朽其覩見用於世而沒沒無聞者爲何如哉余自揆託交于先生最久而知先生之心爲尤深故輒序于卷首庶幾讀是編者知古人之詩不徒作而先生之於詩亦不爲徒說矣

徵朱娥詩序　明　唐肅

昔序曹娥廟著論云娥未事人而死漢稱孝女禮也今廟祀乃以夫人祀夫有君子而後爲夫人生而女死而夫人可乎娥之孝不以女薄不以夫人厚也及至吳見海瀆有廟祀天妃某夫人者云本閩中處女死爲海神則又歎曰

妃配也天之主宰曰帝天妃者豈帝之配耶處女死爲神稱夫人謬矣而又謂之天妃可乎今年來上虞邑人魏士達謂予曰吾邑有朱娥者宋治平三年以十歲女子死大母難當時里人爲立祠邑南記之者郡從事虞大甯政和三年邑令席彦穆簿孫衍尉向泳重修之記之者新定江公亮也今祠宇碑碣毁於兵火矣里中長老猶能言其故處往往嗟悼以不得復舊爲恨宋熙甯間會稽令董楷嘗以娥配享曹娥廟蓋二娥俱虞人曹娥廟在江之西地屬會稽朱娥廟既廢不得專祀而僅享他邑他廟之祔食雖

娥之神無閒於此疆爾界娥之孝不以專祠爲重祔食爲輕而吾長老子弟所以悲悼慕向者則謂非專祠於吾境不可且舊廟實作於民官此者未嘗請封請額於上得若曹娥尤邑人之恨也吾黨咸追咏其事集詩若干首丐公序之將持此以告有司庶幾有所感動得轉聞之上而遂其請焉嗚呼盛哉邑人之心也夫孝風俗之本苟以孝名者千載猶一日也朱娥之死二三百年人猶思而悲之不忍廢其祭而懇懇視爲亟務雖娥之純孝有以感人心於不忘而邑人亦可謂知敦勸風俗之本矣顧娥之未得封

謠若可憾卽使得之而加以非禮之稱若曹娥天妃者亦未爲得也今國制一新爲宗伯者必有知禮之君子於異代之失庶幾革而正之肯踵其謬哉故因序詩而及之以識吾昔者之感且有俟於今之在上者云

古文參同契序

明　楊　愼

參同契爲丹經之祖然考隋唐經籍志皆不載其目惟神仙傳云魏伯陽上虞人通貫詩律文辭贍博修眞養志約周易作參同契徐氏景休箋註桓帝時以授同郡淳于叔通因行于世五代之時蜀永康道士彭曉分爲九十章以

應火候之九轉餘鼎器歌一篇以應眞鉛之得一其說穿鑿且非魏公之本意也其書散亂衡決後之讀者不知孰爲經孰爲註亦不知孰爲魏孰爲徐與淳于自彭始矣朱子作考異及解亦據彭本元俞玉吾所註又據朱本玉吾欲分三言四言五言各爲一類而未果葢亦知其序之錯亂而非魏公之初文然均之未有定據爾余嘗觀張平叔悟眞篇云叔通受學魏伯陽留爲萬古丹經主予意平叔猶及見古文訪求多年未之有獲近晤洪雅楊邛崍憲副云南方有掘地得石函中有古文參同契魏伯陽所著上

中下三篇叙一篇徐景休箋註亦三篇後叙一篇淳于叔通補遺三相類上下二篇後叙一篇合爲十一篇葢未經後人妄紊也亟借錄之未幾有人自吳中來則有刻本乃妄云苦思精索一旦豁然若有神悟離章錯簡霧釋冰融其說既以自欺又以欺人甚矣及觀其書之別叙又云有人自會稽來貽以善本古文一出諸僞盡正一葉半簡之間其情已見亦可謂掩耳盜鈴藏頭露足矣誠可咲也余既喜古文之復出而得見朱子之所未見爲千古之一快乃序而藏之嗚呼東漢古文存于世者幾希此書如斷圭

復完缺壁再合誠可珍哉若夫形似之言譬況之說或流而爲房中或謬以爲爐火使人隕命亡身傾貲盪產成者萬無一二而陷者十之八九班固有言神仙者所以全性命之眞而無求於外者也聊以盪意平心同大化之域而無怵惕於胷中然而或者專以是爲務則怪迂之文彌以益多非聖人之所以教也旨哉斯言輒併及之

金罍子序　明　陶望齡

劉歆序七略三曰諸子而臚爲十家稗官小說家與焉自漢以降諸子之名蓋罕存者多不足觀而說曰繁盛不知

說固子之删名耳然班固之論謂諸子十家可觀者九說
家者閭里小知街談巷語之陋細不足道則說與子又似
有間矣夫古之工於立言者言所明也莊周之於道德韓
非之於刑名其瞭然於中者迫於吐而必不可茹如水盛
堰敗沛不容遏又如老農之計囷廩大將之料軍實舉所
有而已潛夫論衡之屬吾無取焉彼其中固無有也固鮮
所明也而強言之故膚而不裏蔓而不根讀之如啖木然
久矣夫諸子之龐而難擇也又況虞初者流俗而非雅者
乎金罍子者其書類所謂說家其博而精辨而正酣經鬯

史聯絡曲折而出之粹然過潛夫論衡也甚遠其命名曰
山堂隨鈔予懼名之近於說而不知者與街談巷語之書
槩而少之故更之曰金罍子金罍子者其號也或曰子之
于金罍子也以爲韓莊乎曰金罍子儒者也儒家者流非
子與以術則莊韓非類以文而曰金罍子今莊韓也予又
敢哉然而有難有易今夫老農之計囷廩而大將之料軍
實此順而易者也有善數者焉隔囷而筭龠合不爽也有
善兵者焉望敵而揣虛實不爽也此逆而難者也莊與韓
道其所欲言而止若數家儲然易耳後之儒者是非定乎

載籍善敗決乎古今引之也至繁而要之至當此與隔閡
望敵而籌者奚以異乎此金罍子之所爲難然均以言其
所明則一也金罍子上虞人嘉靖甲辰進士仕至應天府
尹所居近金罍山故稱焉

倪鴻寶先生應本序　　　明周銓

鴻寶先生人倫之所誦喬嶽也置身於古高矣徒咏嘆其
文辭此藪澤之視烏覩所爲寥廓者乎雖然讀先生書見
先生人忠孝之事於是全矣先生守正不阿履行霜雪登
籍以來身無喉舌之司屢建讜論凡所指陳皆社稷大計

憂深慮遠天下諷誦其章等於賈子治安魏公思漸莫不頓足起舞曰斯文之出邦家之福故誦定國是毀私書知先生之拒邪息詖也誦救纍臣教人材知先生之衞正愛賢也誦省養六章知先生之孝也詩人所以歌陟岵也誦時政十六策知先生之忠也其言婉而不迫直而不倨火之慮枕戈之義蓋兼有之故曰誦先生書見先生人也夫臣子立朝惟敷奏爲大其言正而天下蒙福其言邪而天下被殃發于心術流爲政事治亂成敗皆繇此起先生入告聖明忠誠謇諤得古大臣體立言之道茲爲極軌矣

若其餘譔著又可論次云於代言見先生美刺之旨勸戒之義焉於講編見先生啟沃之益忠愛之懷焉於詩章題詠見先生寄託之思諷諭之隱焉於贊序傳論見先生徵古之博憂時之切焉大約其本歸于仁義其言出於和平至於巉峭奇削幽忽奥渺以御其所得於天之分則古人膏澤與作者性情有相化而不自知者豈若子雲之書專以玄深見推相如所著獨以博麗稱美哉昔人有言文無新變不能代雄所謂新變者惟其氣格辭章推陳拔異不踐迹前轍耳若忠君愛國憫亂思治出于倉腑吐爲聲音

則點畫一揆若今月古月無有異明今山古山無有異高豈有舍其誠本矜尚辭采可以列星辰並華岱垂天壤而不敝者哉先生之文本於先生之人是以言有千變理歸一條其言靜而遠如空山古剎獨坐繙經其言恭而莊如高冠大劒廷立而議其言質而和如子弟孝敬家門雍穆其言隱而悲如悼往傷來目惻足動滲然而有救世之容故曰毫毛可滅着紙即鮮石墨相附字久彌顯惟其人之謂也若烟墨不言供庸人驅遣豈復有文字乎世傳漳江黃先生與先生並稱百年之久四海之大兩先生起而作

者一空敬其人及其文推之百代亦猶是耳李漢之序昌黎曰日光玉潔周情孔思而澤于仁義道德之旨下走願附斯義也

王侍御事略序　　國朝 陳鶴徵

鶴徵自幼屈首受書卽好論說古今政治之得失人物之賢否每見名公偉人立德立功照耀簡策恨不親炙之也皇清鼎興大啟言路九維王公在西臺所上論列皆與昔賢頡頏已而持斧關西視鹺北地定大難拯殘黎其措置施行聞從邸報中覩之輒深仰止壬辰秋應詔入都求間

公則已出宰金華又五載鶴徵分符爲上虞令始知公蓋虞産也父老爲言公代有名德尊人别駕公佐大司空治河渠著異績齊魯淮泗間至今頌述不衰家居時數出囊底餘智襄郡邑大夫爲福桑梓以是實篤生公能以箕子之明夷先否後喜公今雖久宦乎家殖甚落子弟咸馴謹退讓有萬石君家風鶴徵驗之信然益心嚮往之尙未接公光儀也閲三載鶴徵既去官扁舟草履往來兩浙山水間今歲至太末還過雙溪公訪諸蕭寺執手諈諉曰余知子久矣似可與語者因慷慨言其生平又出事略一編曰

此我友所叙述也鶴徵受而卒業益聞所未聞然公之出處建立變化神奇更僕不能悉數合所言所叙觀之未可得半至若鶴徵往日纂公於章疏間抑又管中窺豹也已秦地回族將叛如厝火積薪莫之知備公本繡衣使者無封疆軍旅之責獨爲之燕居深念及一旦稱戈相向能孑身坐堂皇諭以順逆不慴不撓視郭令公單騎見葯葛羅其難十倍而出奇制勝使雄藩底甯此公經濟之最大者乃鶴徵之重公更在加築滹沱河隄而免萬竈之産蛙議改漢中運糧以甦千里之民命識莫高焉澤莫厚焉至於

今之治婺也不以侍從貴臣而必存褻越不以歷年寖久
而稍有怠終道州之陽城春陵之元結何以過在昔唐宗
大僚出領郡縣皆仍臺閣官階表奏陳乞得竟至上前號
爲中外一體今制雖不古而上官終敬愛公故志意得行
婺人倍蒙其惠獨計才德如公以之鎮撫方夏必得使反
側革心以之平章軍國必能致淸和咸理天佑蒼生當不
令久淹下位且勿具論但就兹事略言之有保民之規條
可以爲世準繩有用兵之偉略可以生人勇智於其鬼神
効靈而知盛德之食報撫其室家聚順而知和氣之致祥

斯亦政治人物觀感之林也豈必泛論古今遠慕而欲親炙之乎若夫長君遇鳴散金辭榮遄歸子舍亦復倜儻非常不愧名父之子鶴徵舊宰公鄉與有采風之任爰抒鄙衷綴之簡末讀是編者庶不以是爲阿所好乎

送倪玉繩序

國朝　顧景星

日猶熱也月猶滄也風猶是豪豪蕭蕭水猶是滔滔也峙者山也方而下者跖也噬嗑者齒召便溺者二孔也無有異而至言而朝風俗輒曰彼時此時雖號賢有智之人不能無變則何也噫可慨矣然而善觀變者于其時而善觀

人者于其變崇禎十四年六月上繫蔡奕琛奕琛言去夏
六月臣同邑諸生倪襄贄於庶士張溥之門歸語縣令丁
煌言溥大有力立可禍福人溥結黨聲援陰握陛下黜陟
之柄上震怒逮問煌煌服詔下襄獄是時溥已卒公論伸
溥上用御史劉熙祚言取溥所著書覽而善之因遍閱溥
諸弟子姓名襄適從獄上書上廷鞫曰襄何罪且善文其
赦襄襄感泣誓以死報帝既殉社稷襄書生無可死徒步
走留都禮部請試七省流寓貢士而襄以夏邑籍舉第五
人爲選吏始襄裘馬交游佳公子也聲名籍起爲名下士

無何詔獄囚既出折節礪行期立功名報天子而今則寄食江湖與余別八年矣遇于虎林幾不識爲故人疑其黃冠也既而相與太息字之曰玉繩君安往曰吾將挈妻子鹿門吳市終吾世焉計玉繩生平五變爲佳公子爲名士爲詔獄囚爲選吏今布衣長往其不盡時之變之與其時之變之與比者海波飛立颶風吹山作平地大江白浪搖天九首四翼三足之怪出沒君愼無往上虞君之故鄉重巒邃壑可以觀草樹之蕃落閱候物之遷化悟陰陽之消長蚤息而晏起飽食而安溲毋登東山弔謝傅毋陟覆巵

悲康樂母南望大海想徐福之神仙母西眺會稽思句踐之甲楯吾聞鳳鳴玉京之洞眞仙往來雲鬟雪肌晨肇柏碩所未遇子其往焉吾與子之故人吳公超在日寒月熱風絶海竭縮鱗弭鬣母爲豫且得于是舉酒三歌以送之

徐昭華詩序　國朝　毛奇齡

閨中傳詩自三百始顧三百多采藍伐肄執殳弋雁之婦而其後班蔡鮑謝下及管李非名臣巨閥傳詩頗鮮蓋閨閣夫婦操作不暇何暇與之言文章事哉獨是金閨窈窕易於作僞故世傳李都御史妻陳懿遺詩半屬贋成而近

年女士黄皆令游於諸家知閨中所作類有藉於補鏝者
則夫閨詩之未易工也始甯徐昭華以詩傳人間者有年
其人慧生而産於世家父仲山君席大司馬公遺業著書
等身而其母商太君則爲冢宰公愛女稱工詩者然則昭
華之能詩豈待詢哉第昭華嬌穉不屑就女傅卽隨兄弄
文史亦未嘗斤斤爲學乃驟然搦筆相傳元夕隨諸姊觀
燈曲廊向月獨吟遂有詩今集中絶句所爲看燈者是也
乃昭華特好予詩凡繡枰鍼管脂盂黛鬲偶有着筆卽漫
寫予詩以當散㲲故其後謬呼予師而予得藉是數數課

題面試以驗誠僞嘗窺其落筆時頃刻簇簌如弱羽之翻
窠而新花之生樹雖使鄒陽子建强顔伸腕猶不得與之
爭新鬭捷矧詠蒲吟絮何足相上予故曰如昭華者可令
班昭爲先後蘇蘭爲姊姒非諛語也特工詩實難雖曰閨
房之文易於見傳顧亦視其工何如耳考風詩有名字者
唯綠衣燕燕白華河廣諸篇其他有其詩而亡其名至若
漢唐以後凡史乘所載宮闈書目自班姬左嬪道蘊令嫺
以下合若干人皆各有集名存於目中多者十卷少亦不
下三四卷乃數傳以降殘韋斷竹或存或没甚至遍集遺

軼有其名而亡其詩即或統爲選輯若顏竣殷淯諸君所爲婦人集若干卷者今藏書之家亦並罕有而團扇一詩千古不滅則非聞詩之易傳而聞詩而工者之能傳也昭華亦勉爲其能傳者而已矣

贊

雙笋石贊　宋齊唐

巖巖雙石百仞劍立下無根柢對若拱揖若梯太山將窺金繩如架倒影遂登青冥擎捧日月觸拏風霆鵬鷗脅息猿猱骨驚我聞帝軒洞庭張樂建牙植虡太音乃作抑盤

古死膏川體岳遺簪墜笏挺持磨錯史失其傳八遺萬年
得非兹石遺像在焉惟岳有神憑靈洩怒誕作忠賢蕃爲
雷雨若歲大旱羣坻失怙六龍歘駕振起枯腐惟石之巔
花蔓爛然攢峯翠環燒空火鮮我宋定鼎三后陟天四海
遏密萎疎不妍上御宸極花復蕃息石乎神乎與國休戚
猗松徂徠析柏新甫作廟弈弈俾萬民覩有稷惟馨有酒
惟酤牲牡孔碩坐奠兩廡千區萬疇禾黍油油神來雲興
神去雨收滋衣食源消凍餒憂捍我大患無貽神羞

李莊簡三字帖贊　宋　岳珂

泰禍滔天鯨洶九淵淪胥以顛而我謂不然如公之賢泰
山巋然奔流百川何傷乎一卷野史所編人心之傳匪石
則遷誰爲之燎原兩家之先義比仲連覽此卷焉不知其
涕漣

附原帖

光悚息朝請郎吳師直作吏能盡公廉勤三字通知財
穀兵刑之要蓋實才也僕初昧平生頃在宛陵知之相
隨累年建康以參議通判兩辟之命未下而僕以罪去
今待遠闕欲得一攝職以活幼累望公稍以吏事試之

有不如所舉僕爲妄人矣光再拜

銘

太平山銘　晉　孫綽

嵬峩太平峻踰華霍秀嶺樊縕奇峰挺崿上干翠霞下籠丹壑有士宴遊默往寄託肅形枯林映心幽漠亦既覯止渙焉融滯懸棟翠微飛宇雲際重巒蹇產洞溪縈帶被以青松酒以素籟流風佇芳祥雲停靄

記

劉氏義門記　宋　趙抃

熙寧十年余守越州聞上虞峨眉鄉劉承詔同居者四百餘人同籍者十世具以上聞乞不以常制旌表俾厚風俗詔許可命有司於其所居建綽楔門門外左右以土築臺高下廣狹至於赤白之飾皆如勑之格而常賦之外悉免徭役與仕者等嗚呼觀朝廷所以獎善褒義之意何其至哉孟子稱君子之澤五世而斬謂其流竭而服盡則尊親替矣若劉氏同居既以十世不下三百餘年萃籍已四百指亦不常有於世者矣夫三百年之間歲有豐凶情有戚疏設爲之長者不有恩誼禮讓固結於一家則不待數世

以降分裂殆盡今代遠丁繁志壹氣聚而不忍別居者亦以當時之人能整肅慈順以詔後人而後人復能繼其先志故曠日持久不爲時之所遷吁洵盛事也元豐三年爲余謝政之再歲承詔持其勅自越來衢乞余記刻諸石余以爲世不常有與事之甚盛者固宜暴諸當時以垂後世想過其門望其臺觀其勅語則敦睦者孰不勉分異者孰不愧所施至約所勸至博尤望後嗣子孫繩乃祖武永世勿替以仰稱朝廷褒旌之至意則斯劉氏子也非特爲閭里榮行將爲郡縣式王國光矣余故樂得而爲之記

三忠祠碑記

元　張屋

余涖虞之明年勸農出郭憩華渡之西園溪流環遶竹木交映其南數武有三忠祠焉里中人士逡巡進謁屬余作文爲之記余考三公筮仕時襄樊已失湖北江南次第淪陷大勢將傾有非一城一邑所可支者而三公以宗室胄任專城之責死不顧也厥後或授命於燕市或殉節於閩中或抗志遯荒而殞於草莽皆若素所期待甘心而無怨悔噫三公之遇誠窮矣而吾謂其節苦而節有甚奇者江左百有餘年外死封疆內死社稷捐軀報主者於勝國爲

多而三公被逮幽囚流離困頓悉從容就義而不辭此苦節之貞有幾人耶弟兄藉累葉貴盛相繼成進士各分其官各任其土卽欲闔門赴難豈能不約而同乃守國亡與亡大義獨得其是而先後同歸寧非天地之靈秀特鍾一門爲尊賢養士之報以爲趙氏之光耶夫古來忠義之士卽其所生之地皆得崇祀典以三公之大節皎如日星而表彰不及誠職斯土者之羞也今虞之人士建宇設奠奉若楷模俾後之宏獎幽忠者有所傳述則是祠也可以補傳志之闕遺矣余記其人幸虞邑山川尙留正氣也記其

祠幸虞邑人心能崇節義也

見山樓記　　明　宋濂

見山樓者上虞魏君仲遠所建也仲遠居縣西四十里龍山委蛇走其南將升而復翔旁支斜迤而西則爲福祈諸峯若車若旌若奔馬若渴鹿飲泉不一而足勢之下降爲陰阜爲連坡爲平林一奮一止復襟帶乎後先東則遥岑隱見青雲之端宛類蛾眉向羣山嫵媚爲妍其下有巨湖廣袤百里汪洋浩渺浸乎三方晦明吞吐朝夕萬變方屏插起湖濱曰夏蓋山去天若尺五巖崎谷張尤可愛玩誠

越中絕勝之境也仲遠心樂之以爲非高明之居不足以延攬精華而領納爽氣於是構斯樓日與賢士大夫同登壺觴更酬吟篇疊咏及至神酣意適褰簾而望遠近之山爭獻奇秀晴色含靑雨容擁翠不待指呼儼若次第排闥而入使人涵茹太淸空澄中素直欲驂鸞扇鳳招偓佺韓終翻然被髮而下太荒其視起滅埃氛弗能自拔者爲何如也伻來俾濂記之夫自辛卯兵興所在爲灰燼狐貍晝舞鬼燐宵發悲風翛然襲人君子每爲之永嘅自非眞人龍興撥世亂而反之正含齒戴髮之氓孰不在枯魚之肆

哉縱有佳山將不暇見之今仲遠得雍容於觀眺之際亦曰帝力難名而吾民恒獲遂其生爾昔太常博士施侯作見山閣荆國王文公爲記其事謂吾人脱於兵火洗沐仁聖之膏澤而施侯始得以樓觀自娱仲逵之去亂離僅三四載乃能抗志物表修厥故事如承平時無他皇化神速非前代所及雍熙之治將覃及於海内是樓之作其兆之先見者歟欲不爲之記不可得也第濂之學識繆悠立言無精魄難以傳遠尚求荆國其人而爲之庶樓之勝槩與雄文雅製同爲不朽耳仲遠名壽延鄭國文貞公二十四

世孫羣從子姓皆彬彬嗜學文章鉅公多集其門仲遠尤號翹楚且工詩蓋聞之丹涯先生云

敘郡太守陸公生祠記

明　劉忠

成化戊戌上虞陸公以祠部員外郎來知敘州府事唯時旱暵頻仍民艱於食且俗尚淫祠瀆禮害政濡染之久莫能剗剔公首實倉廩積穀數萬斛活民甚多寺廟之非禮毀其土偶而更之以祀前代名宦流寓之功德於敘者若諸葛武侯黃山谷輩乃諭民祀先祖屏外神禁奢僭妄費一洗故習之靡民翕然從之其他作士氣均賦役清刑罰

息盜賊親賢遠奸敬老慈幼無一不加之意迹其所爲皆
自方寸中誠實所發無私毫纖邪僞妄而民亦信之篤感
之深親慕愛戴如赤子慕父母政少暇必登師文之樓左
圖右史手不停披每遇佳客則憑高縱目觴詠盡日口未
嘗絶吟私藏所積悉爲公資雖一毫不苟取九載秩滿下
懷奸豪斂跡無墮業無逋負歎息愁怨之聲寂如也宏治
戊申秩滿今天子嘉其賢勞進河南參政瀕行百姓遮道
挽舟相向號泣不舍其去公存慰者久之越三載轉右布
政使敘人之思公者無間旦莫引領企足欲公來撫是邦

若大旱之望雲霓也乃於公所改列侯書院之後堂肖公像而祀之扁曰遺愛每歲值公初度之辰士庶各具酒肉蹌堂遙祝公壽冀公百歲後神遊於此仍福吾民禮成會飲其中盡歡而罷嗚呼何公之感人如此其深也訓導李相暨諸士夫求記其事嘗聞孟子云善政不如善教之入人深也又曰至誠而不動者未之有也陸公有善政又善教人其政其教皆自誠實中流出故其感人也深而動人也遠夫豈聲音笑貌之所爲哉古之龔黄召杜史稱循吏夷考其行不過三事偶合於道而得乎民史臣書之其賢

名於今不泯陸公雄才碩德殆不多讓至若毀淫祠崇禮教宣上德達下情藹然忠厚和平之政故民愛而思之愈久而不忘必肖像祠事而後慊方之古人抑不知孰先而孰後也世之類公者幾人哉非剛愎佼詐則柔懦不立不依任羣小則趨炎附勢規利於刀錐之末盜名於讒佞之口民之惡之猶蠅蚋在眉睫揮拂驅逐唯恐去之不遠尚何遺愛去思之有使之過吾陸公生祠之下而不俛首汗顔者吾未之信也陸公眞今之循吏也哉異時廟食茲土必矣

上虞胡令思伸捐置學田碑記　　明　陶望齡

虞儒學非無田也而罔實惠即若無田今胡公之涖虞所以優卹諸生者甚厚然猶以爲未旣其實也至癸卯九月涖虞者巳七閱歲念一日去虞而無以寄惓惓之意於諸生於是捐嘉肺之羡緡斥置民田於學立之專籍以示永世諸凡爲學所公費者咸得而取給凡靑衿貧窶之士咸得沐恩而沾溉之甚盛心也夫虞在越中獨土瘠而民鮮饒業一入爲弟子員輒無暇問耕以爲篙庾計歲小歉餬其口而弗贍謂佔畢者何且自隆萬以來士比數奇公廉

其狀曰當先培風氣乃於百雲門之外疏巽水以通玉帶溪無何而丁酉士與計者四人巳學宮及明倫堂壞公爲加新宮牆翼然無何而庚子士與計者二人其一則巍然而魁浙辛丑登第者二人第武試者二人其一則杰然而魁天下今年秋與計者復二人諸生翕然加額而歸於公曰此足證公作人之盛矣虞生闤闠詩書固不能人授館穀而脫可裨百分之一儻亦有投醪意乎微獨虞所未遘卽世嘖嘖號廉明而加意興文者不瞠乎後哉學博楊君於朝陸君官尤君存古躬覩盛美礱石紀之以詔後來無

此記可删　改叙入山川篇鳳鳴山下爲可

或廢墜云公諱思伸字君直萬歷乙未進士徽之績溪人

遊鳳鳴山記

明　馬萬程

古人嘗稱越中千巖競秀萬壑爭流余夙慕之每有獨往之志萬歷甲辰歲冬隨家嚴讀書越之古虞知虞有蘿巖蘭芎仙姑洞諸勝乙巳春仲家嚴謂萬程曰此王謝當年遊賞地春陰過半紅雨亂落矣何不續蘭亭之觴著東山之屐乎遂於二十有五日偕虞中諸賢遊仙姑洞洞何名仙姑蓋虞父老相傳漢時有仙女霞冠羽衣乘鸞而下遂以此名洞云南去縣治二三里始入山徑松蘿夾道野芳

幽然撲人路轉峯旋靜深屈曲仰望東峯石塔亭亭挿天策馬更進五六里許忽見巉巖孤迥鬱然深秀泉聲潺潺侵耳山路漸峻攝衣而上林木陰翳涼飈偪人乃直探溪雲深處空谷玲瓏奇峯削立中有一道飛泉正如玉屑明珠繽紛亂墜其下深潭靈竇疑有神龍居之吞吐淜湃之聲如萬馬奔如羣獅吼令人靈襟覺思豁然一開恍惚蓬萊十二樓矣徐陳酒肴於洞之旁落花飛瀑沾人衣袖傳觴賦詩良久家嚴命一友吟何必絲與竹山水有清音之句滿座爲之爽然已而谷風習習如陰如雨清寒徹肌骨

間乃起步洞之巔登高極目東西諸峯左右環抱而蘿巖蘭芎諸山北面拱揖而朝則洞固神仙所闢空中必有五色綵霞覆此靈宅也山僧進新茶啜之神氣倍清家嚴偶論樂水樂山之義在坐各有所領會夕陽在山野鳥呼應諸賢將吟咏以歸家嚴命萬程曰芳辰佳友談道賦詩亦千古樂事不可以不書萬程曰唯唯遂倚石紀之如此

百雲山鳳鳴洞記　明　黃尊素

古虞有鳳鳴洞在百雲深處其山據邑城之南洞祀眞人像設爲女冠科舉之士於冬至咸宿祠中夢卜多有靈驗

癸丑歲予與鄭奉莪家元素往五月之望自黄竹浦登舟梅雨連旬山色蒙晦至是微月江濤如練忽有長飈驟起澎湃發於水上舟行甚駛遲明登陸並山之麓流泉奇石青林文篠百羽啁啾其間石磴曲折南行徑窮無路突然層巒複澗迷亂不知處所始歎靈境非仙眞不可當之菴故址在山阿僧悟定移建於上棟宇初備牆堵大立從方丈左旋數武爲鳳鳴洞雙峽陡開峭壁嶙峋插天中谺然窈窕如室濶三丈餘深十餘丈上之濶視下損三之二其頂穿仰而見如冰裂者天光也裂處有危石圓而頎僅而

未墮又有古木扶疏似荇藻凝結冰中瀑水數十丈瀉於
窔中之奧而雨絲冰雹遠射室口聲如崩雷怒浪驚人心
目不特其景過清而已也相傳有眞人吹簫而下其音若
鳳鳴此洞爲鍊丹處矣眞人姓名不可考按神仙傳曰魏
伯陽與弟子入山鍊丹丹成伯陽與一弟子服之入口卽
死其二弟子不服出山伯陽及死弟子卽起而去附書伐
薪人寄謝二弟子二弟子見書始大懊惱所謂入山者卽
此山也像之爲女冠亦是杜十姨之譌莊周之綽約若處
子豈眞處子耶夫眞人處倒影之上其視人世之富貴無

異塵垢著體場屋之一得一失蟲肝鼠臂何足重輕而乃屑屑較之示人於隙馬風燈傲爲先覺乎噫吾知之矣天下之人愛惡攻取塡其靈舍故糠粃能易四方之位必如太虛太虛中爲塵幾何蓋不俟算數而得了然眞人惟無所知故爲欲知者之所求也是以鏡無妍媸之相而人之妍媸見於鏡中水無星月之形而天之星月涵於水底亦若是而已矣

韓桃平桓礐記　國朝　王猷定

盧龍韓子桃平以庚午遭變攜家南下卜浙之上虞居焉

己丑亂虞城復破徙會稽寓若耶之濱庚子冬予遊會稽韓子坐予最高樓樓柱懸折梅丈許貯小缾內花半萎韓子愀然旣而憤爲告余曰傷哉吾罍之不復見也吾外曾大父朱公名錦者宏治間守青州盜發齊桓公墓獲寶玉刀劍鼎匜事覺藩王及諸有司分取之外曾大父得銅罍徑二尺高如之土花繡蝕天將雨現五色雲氣光怪煜煜不一狀歲臘貯梅其中自蕋而花而實三月不衰數傳至吾祖寶之罔失亂後余置小驢載而南亡何虞城破吾罍殉焉久之有言土豪陳朝廷者入余家攫去遣人屢求贖

不應夫以吾先世守之物不沒於盜而沒於豪其甘心乎予曰甚哉子未曠覩於今古之際也且以齊桓言之當其憤周室之熸於山戎也刜令支斬觚竹縣車束馬踰太行與卑耳之谿拘秦夏以朝天子何其盛歟及其亡也邱墓之不可保雖盜賊皆得而侮之山戎之於周猶盜賊也以周室之神器周天子不能自守山戎覬之桓公爲周天子報仇固周鼎四百年使山戎不敢窺春秋特書曰齊侯伐山戎大之也今以齊諸侯之墓守之二千餘年一旦見發於盜賊爲齊之藩王諸有司當必憤然曰此爲周天子伐

山戎者也桓公之仇周天子之仇也抑我仇也藩王諸有司不能制盜賊又貪盜賊之物且爭取之爭取於數傳之後歷喪亂而猶不忘是何溺於小而忘其大耶或曰讐得之盜賊之手非韓取之也今爲韓有矣有而棄之是忘其先世也曰非也齊之滅紀也紀侯大去其國襄公復九世之仇何有於甗迨頃公九年鞌之一戰而以紀甗獻之於晉使桓公有知必痛其子孫之不克守其社稷甯紀甗之不忘哉子休矣盜之發塚也山戎之禍也豪之得讐也紀甗之痛也子明於春秋之義其於輕重大小則必有分矣

韓子曰然抱器而歸固予志也若子之言則誠大矣然則世之遭亂而亡其家者毋介介於一物之微而修怨匹夫哉爲之記

捍海樓記

國朝　陶方琦

虞當巖壑之會臨溟渤之濱夏葢以北實維海門雷輥濤怒厥地稱險焉其西南瀕曹江江出新嵊諸山霖潦時降衆壑爭趨風潮逆流互激交匯奔盪訇㙍訇隰彌原於形爲尤險先民有作堤之埦之江塘堙其前海塘障其後而水勢稍殺雍乾之世迭請　內帑以時修築迨道光季年

塘漸以潰漫溢田廬汨及鄰壤屬當軍興府藏支絀官民束手邑人連公仲愚徘徊塘上蹙然傷之謂江海兩隄數百萬生靈所託命使無人設法堵禦任海水氾濫爲災是無桑梓也即無餘上也從斯南北驅馳任勞任怨并瘁其從弟桂初冢子茹分道捍護以數千之款經理柴土石塘一萬一千三百丈有奇又值隄工坍廢決裂之餘議者咸爲公危卒之焦思竭力挽狂瀾於既倒迄今樂土可安民歌舞之公躬親櫛沐者葢二十年而公年亦既耄矣廼謀久遠之計首置田百畝爲擬續助百畝鄉里慕義者爭附

之並得田九十餘畝號衆擎會爲歲修資又憫徒輩風餐露宿遂度地庀材建樓於塘之隘曰孫家渡以鎮之而題其額曰捍海凡爲堂三楹中祀潮神耳房二以庋器具廂九爲庖湢泉夫役寢食之所登斯樓也左海右江風雲百變潮汐之消長畚挶之勤惰歷歷在目暇則讀書其中蒔花觴客以爲別業經始於同治九年冬明年四月落成於虖公之捍水患也遠矣夫天下事固有志壹而用宏事半而功倍者彼庸庸者其能知乎哉公承父兄之詔勉督率黽愚任厥艱鉅藎本其孝弟之誠發爲義舉而又不敢輕

縻 國用毀家紓難以抒其惓惓忠愛之忱其惠周乎羣生其澤流之百世豈不偉與昔潛溪宋氏記古虞魏仲遠見山樓美其經營於兵後而推言子姓之象賢今公蒙難之餘搬造斯構利賴無窮固遠勝乎仲遠之遊觀者而公子若孫咸以文行有聞於時益欽公詒謀之善爲足與鄉賢後先輝映也琦學識譾陋立言不足以希潛溪而猶執筆記公之明德亦蘄後之治塘者一以公爲法則益廣公之惠於靡涯矣公之治塘具載遺著上虞塘工紀畧中不備述其捐助名氏田畝備書碑陰以諗來者復系以銘曰

在昔錢王築捍海塘灑沈澹災利及千霜翼然斯僂與古頡頏夏蓋斯控舜田斯穰緬惟連公澤被鄉邦靈風靈雨神魂迴翔江流截順海波不揚勦彼元石邦家之光

跋

跋李莊簡公家書

宋　陸　游

李丈參政罷政歸鄉里時某年二十矣時時來訪先君劇談終日每言秦氏必曰咸陽憤切慨慷形於色辭一日平旦來共飯謂先君曰聞趙相過嶺悲憂出涕僕不然謫命下青鞵布韈行矣豈能作兒女態邪方言此時目如炬聲

如鐘其英偉剛毅之氣使人興起後四十年偶讀公家書雖徙海表氣不少衰丁甯訓戒之語皆足垂範百世猶想見其道青鞵布韈時也

跋李莊簡公與其壻曹純老帖　宋　樓鑰

韓文公潮州表柳河東中山劉賓客謫九年文愈奇而氣愈下盛哉本朝諸公如忠宣之德度元城之勁節東坡先生英特之氣行乎患難高掩前人莊簡公流竄瀕死重以愛子之戚尤所難堪家書中言議振發略不少貶其氣何如哉三誦以還慕仰不已純老姓曹氏諱粹中吾鄉之善

士有詩傳行于世眞冰玉也

跋李莊簡公與傅樵風帖　　樓鑰

建炎四年金陵潰卒四散三月戚方旣殘廣德五月遂圍宣州鋒不可當參政莊簡李公時爲太守無兵可恃亟設方略招潰卒于郊野厚待之以爲用戚與其副並馬近城指畫攻具公以一書傳矢射副馬前大略言戚乃凶寇天誅必加汝爲將家何至附賊二人相顧曰此閒我也攻稍緩始得爲備詔遣統制巨師古劉晏卒兵救之晏戰死第三帖所言巨劉爲此也嘗巡城親以鐵扇障面而賊箭正

中之危機屢矣舊曾問于老校退卒而得其詳經略潘公其壻也嘗言公當危時寘匕首枕匣中與家人約曰城不可必保若使人取匕首則我必死汝輩亦俱自戕無落賊手一日危甚果遣人至一家慟哭既而報少寬矣公誓以死守勵志如此故將士用命賊遯而城全郡人至今祠事之觀所與給事傳公手帖則所聞益信二公里人忠義相勉風節凜然皆可畏而仰哉

跋始寧倪尚書墓銘後　國朝　全祖望

鴻寶先生在明謚曰文正其在　國朝謚曰文貞當時禮

部牒行浙撫下倪氏文卷可據也今明史誰作文正誤矣初明人本擬謚爲文忠先生之弟䎽齋願得文正或曰文正古未有以贈死難者䎽齋曰是乃所謂得正而斃者也議遂定於是同難杞縣劉宮允亦用此謚并及於邑志先生皆以䎽齋之言故也文貞之謚於義略同然終未可竟混爲一也

上虞縣志卷四十七

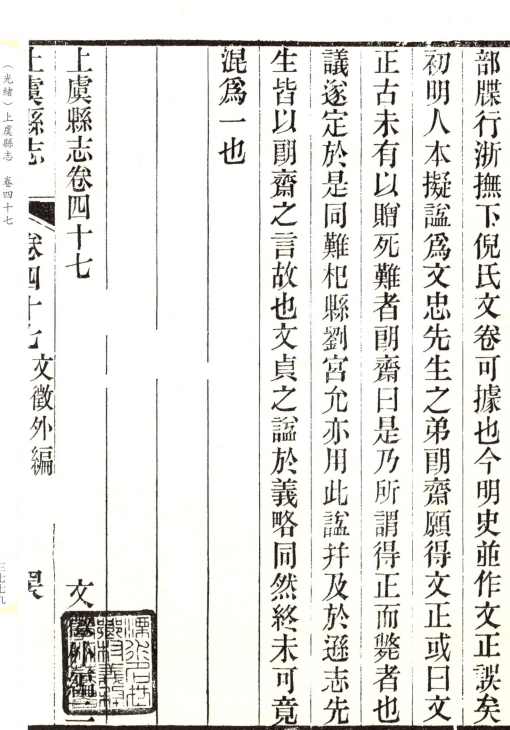

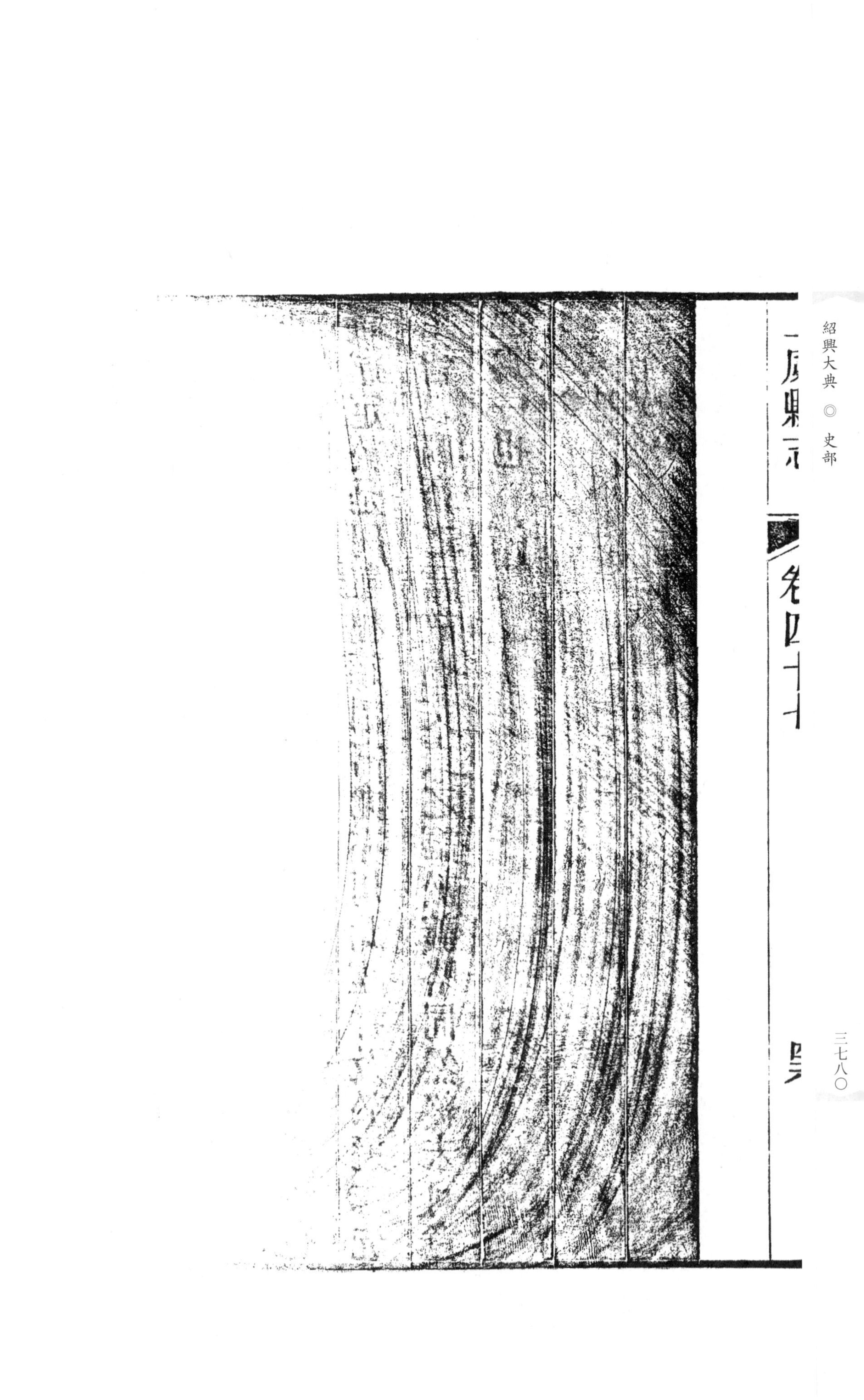

上虞縣志卷四十八

文徵外編

傳

徐貞晦聘君傳　明 陳有年

正德間有徐聘君者聘君名文彪字望之上虞人也聘君之名遺暨瑾益著余爲竦意三歎云國朝自制舉盛蒲輪闊疏間一降世胥命曰盛節英廟時石亨以猰㺄介寵靈至恣睢也其推轂康齋獨隆甚彼豈知下賢哉第浮慕之耳猶然如此或曰康齋幸得入赤墀賜對晛亨苞逆節曾

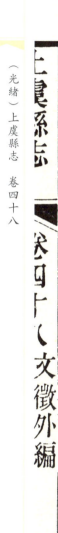

不一語暾箕疇威福風上迨退則更爲亭敘世譜以故倖不牾則余弗敢知矣武皇初基詔下郡國察舉賢良以聞時持議者三顧命相也亡何暨瑾用事劉文靖謝文正遜於野瑾方深心螫謝蔓及諸名卿正人藉爲黨國事日大異會浙省上所辟士聘君與文正邑人徐君子元周君禮實偕瑾怒而聘君者睹國事異也試文禮部陳策慷慨中攖蕭傅蔡顯語有規切當是時瑾呼吸生殺人又時時矯命起不測獄以烈時流時流紊息務周容或頌功德甚則碩望大臣亦藉調停脂韋不自惜聘君一布衣也出語輒

爾爾或持以示瑾瑾則愈怒遂下浙所上士錦衣獄掠不死械發戍邊聘君得鎮番子元禮得肅州云初聘君之辟也上虞令汪君度三造廬焉駕乃起是歲汪亦坐廢鎮番斗入朔漠雅不嫻于俎豆聘君至介胄家稍稍遣其子弟從問學聘君爲稱説儒術副以經義士圜聽益興始僅居人士卒而河西諸部奔走焉聘君至戍之三年瑾敗誅諸附者以輕重伏辜而瑾故所矯謫咸唧宥歸矣方聘君難聞於家家人生不聞鎮番所在已知其出絶徼踰流沙益西也聚泣謂九死不復入聘君子子奎子厚奮以死從兄

弟耦而往屬虜旁塞阽危百端迄達聘君所侍歸歸二十有七年卒聘君有大節蚤博文以父疾棄制舉不應晚歸力義軌俗繇宗而行諸鄉具有紀可則事在顧司寇應祥誌中司寇聘君高弟也卒之日鄉校上其行觀察使者登鄉賢祠祀焉後三紀聘君子若孫以仕至輦下逢鎮番人胠篋出聘君手草至有泣下者聘君子若孫甚庶多章縫嘉靖中從孫學詩爲司寇郎亦以疏擊柄臣嵩臯下錦衣杖落職

徐檀燕公傳

明　劉宗周

公諱如翰字伯鷹號檀燕世居上虞之管溪年十三補弟子員領萬歷丁酉鄉薦辛丑成進士公生有夙慧十歲試于郡郡守富公雜叩以經傳子史皆響應如引繩貫珠又手一編目之曰解此否公曰知雄守雌葢老氏五千言也大奇之爲公介於董中峯公董亦奇之妻以孫女及通籍授行人遷工部郎督理泰昌母后陵羨緡數萬司事者將瓜分焉公曰度支告匱而吾輩行劫耶籍其數以聞尋擢寧武道寧武故重鎮公乃募壯士峙糗糧繕甲械修垣墉計築臺堡數百餘所增勝兵數千後闖賊疾攻之期五日

堅不可下既而晉冀北分巡道備兵大同適總戎與巡撫
不協公和解之諭以陳張之不終而廉藺之式好也咸釋
憤疆圉以寧公矜氣節喜自負遇事慷慨有曲江光岳二
仙降乩與公酬和移日已而大書十字云君塵紛未淨且
待諸函關公亦不之省會遼東經畧楊鎬擁數十萬衆爲
嬰守計而閣臣方從哲不諳機宜以紅旗趣戰者三鎬不
得已進兵大衂京師震邊陲戒嚴公聞報痛甚遂草疏劾
力誤國喪師或止之不聽坐越職言事奪官居無何袁廟
舉邊材起天津兵備董恭人乘間言曰伯宗獲戾君所知

也其毋直言況無言責哉而公復以魏璫生祠遍天下劾
忠賢忠賢大怒初忠賢以河間爲桑梓地投刺致繾綣公
正色拒之璫又爲母建坊諛者相率醵金並及公公不可
且嘲之遂憾公相與媒孽公而璫母喪諸大吏往弔公又
不赴至是璫恚甚嗾御史梁夢環誣公黨邪害正以公爲
東林舊也削職奪封誥初公疏上聞者快之及勒歸津人
萬首拄地泣留公公曰無爲也不見顏佩韋乎蕭然就道
今上登極昭雪特起潼關道副使分巡關陝值流寇猖獗
邊帥曹文詔督兵勦滅倚公爲聲援而公亦力爲備禦悉

出鋭師佐之得士心士卒樂爲之死所在殺賊既而公亦撫輯瘡痍經函關聞有高呼檀燕者騶從叱之忽不見抵署忽又於簿書中出片楮曰檀燕檀燕滄桑幾變白骨青燐雌雄誰辨公乃悟引疾廷推公巡撫江北等處副都御史不受致仕歸公歸卜居於山陰蕺山之下與陶石梁陳元晏諸君賦詩飲酒稱稽山八老焉出所著述編之曰檀燕集曰秦臺紀勝不及朝事丁巳上遣官存問欲起公公以老疾辭卒不起父希濂邑庠生先以公寧武備邊功益封如其階隨以劾璫被奪今上勅還之公本生曾祖文彪

武廟時忤璫謫戍子子奎子厚追侍萬里外潛德未耀公
草忠孝未揚疏請熹廟優卹爲逆璫所持不報公没齒痛
之公以崇禎戊寅八月二十日無疾而卒距生嘉慶戊辰
八月二十八日享年七十一歲葷茶入無出以弟如龍仲
子廷玠爲嗣

徐亮生公傳　　國朝　毛　牲

公名入龍字亮生其先人卜居管溪揷折管於地管生遂
定居焉是爲上虞下管徐氏徐氏自明洪武乙卯迄崇禎
癸未多由甲科登顯仕齒序不闕以故郡之稱望族者先

之獨其以明經著者爲易爲書爲詩爲禮記而缺其一公父鄰首以春秋中萬歷壬午鄉試而公繼之自萬歷丙午舉春秋第一遂與其同母兄宗孺同以春秋成丙辰二甲進士而於是徐氏一門得備五經高第者自公之父子兄弟始公嘗曰吾嘗爲壻於陶文簡先生之門學爲文頗見許可顧中原多事亦安貴此帖括爲哉每出入瀏覽或臨眺輒留心韜畧冀得當以報値神廟以視朝日夕竟輟館試僅改公工部主事使荆榷榷未及竣而適有湖廣督學之命以公爲能文也公之試湖一歲一科未嘗啓客幕校

文獨身攜僕日閱卷千百皆竟試之明日榜甲乙無一失者其所甲士應舉多中式先是湖北文盛每科得解額十七湖南雜猺獞荒畧僅得十三以爲例至是湖南舉四十九八爰有謠曰龍德何盛兮鳳德何衰其所謂鳳蓋湖北學使者顧君起鳳也當其權荆關蜀寇樊龍等殺撫據蜀江漢震動公與楚撫日議城守事甚具暨受命督學悉力文事顧中心刺促嘗以武備爲念故事學使者僅止義陵凡義陵以南辰沅郴靖諸地皆就試無一按其地者公毅然請往或難之公曰豈有乘使車而中稅者自桃源南入

連山接嶺爭高競隘頹垣牽木間以叢篁初偃鼉行至有
挽轝不得前者步趾裁通其榛梗寘接藤盤筀錯之間屢
絕供應或勸之還不許然公每度一關必徘徊相視詢其
形勢及度辰龍關徒行則盡得其要害後勦臨藍大盜預
知其險易廣隘以是也凡所至居人驚喜以爲開國來無
此事者遠近爭來觀及試則惟辰郡與盧辰二溪能爲文
至漵沅則俚歌謠諺雜成靖川與峒猺相半能通論語一
章者卽舉茂才時辰苦黔難文士皆從繕應門公拔其一
二稍俊者蠲之且風之曰是朝廷所以重士者也何地無

才苟能讀書通經術則朝廷正用人之秋亦何至伏櫪鹽車趯趯叢篁間哉士人聞其言皆感動且有嘆息泣下者自長沙終衡遍歷五千里凡八閱月而試成再試如之會璫難大起公先試士時有策問數題侵璫爲璫所銜將中以奇禍而不得其隙尋遷分巡湖南道參議公念親在且老恐一旦不測以貽吾父憂因乞予終養凡十二年崇禎壬申公父應吾公卒乙亥服未闋即起分守嶺北道服除拜命公乃增拓贛南五城以舊城庳隘冦屢陷遂增南安城高廣各二尺興國城高三尺拓安遠城七百餘丈龍南

城八百二十六丈寧都七百五十九丈諸增高與興國郴
等圯者更築朝廷嘉其能已遷蘇松兵備道按察司副使
而虔民留之制可於是三臺合舉尤異而大巡劉君復特
疏薦公邊才會城桂賊起其渠劉新宇李荆楚等分據牛
矢蝦塘諸寨以數十萬賊累陷衡澧茶攸湘潭祁陽之間
凡四省壤接如吉袁韶樂寧永所在告驚獨虔以公在多
戒備無犯既而圍長沙復攻衡州兩藩之封於其地者呼
救闕下上怒命兩廣江虔會楚合勦而檄公監軍舊例監
軍非分守任僚佐皆難之以諷公公不許時沅撫陳君首

議論撫公曰兵未動而遽議撫此示弱於寇也寇必不從
縱愛民不忍斬艾亦必厚集兵威摧堅陷險力足死之而
後徐以情生之沉撫然其言遂斬桂守所誘賊曾冬保等
若干人以徇公乃揚言楚兵當勦我何爲先之況暑不興
師盡散馬侯秋風生長嘶而前時六月二十一日天雨夜
晦冥忽下令鼓三入牛矢寨賊不虞兵至大潰焚其寨牛
矢爲桂陽賊寨之冠聞牛矢破諸寨皆膽落先是文吏極
輕武弁公督學湖南爲甲子科武闈揔裁其策問痛言文
武軒輊之弊武士皆感激及至贛首擢遊擊謝志良及參

將董大勝嘉其壯勇引之後幕計治盜事嘗脫所挂寶刀以賜志艮至是以志艮爲前軍大勝繼之志艮遂自效乘勝連破數寨曰佃裏曰銅梁曰猴寨曰蝦塘擒賊雷天召蔣明宇等其帥劉新宇脫走者三而終獲之遂以七月從臨武與楚兵合於是參將大勝以偏師繼進其所破寨曰茶山曰香花嶺曰竹坳志艮復從木灣鵝王寨黃沙寺轉入並破二寨曰芹寨曰姜山生擒渠帥劉紅鼻劉思榮等八月與粵兵合旣又破高獠紫獠二源並搜檀源山破寨一曰石門其餘走羅源者願輸萬金犒軍中以求免勳不

許會大勝自藍山還道經羅源公指授方畧破殲之大勝以數騎追獲李荊楚於大板沖自六月至九月凡四閱月破寨三十八生擒賊帥十有八人斬級萬餘俘而歸者無筭公嘗謂虔撫曰兵無分制分制則其勢扞格而不行今合兵四省統制惟一蓋必規畫定而進退不疑號令一而期會不爽儲峙專而饑渴不貳虔撫然之遂悉以機務屬公使便宜行事故公得專意肆志以致於成捷聞初已遷公武昌道晉參政至是上特詔公至京賜對故事道臣無取召者召之自公始時楊嗣昌以起復執政兼本兵念公

曾官楚冀相引重再拜執公手指所坐曰以此待公公初應召疏譏時政與嗣昌忤至是見嗣昌墨衰絰在坐連矚之怨言予十二年終養事慷慨激切嗣昌眙瞤不知所對遽引退旋會朝房議邊事嗣昌議增兵內防公謂有進禦而無退守畫宮而守之是欲閉臟腑而棄榮衛也且未有增兵而兵可用者嗣昌怒次日公復上疏力言驅之室中不若拒之門外其利害難易相去甚具上御平臺詔公對初及守贛賑饑民事公曰飢民非可以槩賑也夫發帑則病官開糴則病民臣先示之以發帑之意且過稱廪庾豐

裕兼可給糴使富戶之閉糴者爭減値出而後定規畫取閭師之識饑戶者別之約爲三等矜寡老病者賑力耕而餓者貸之不責子能自全者平糴而於是全活者衆上素寡言時同對三人皆無問獨問公全活幾何公曰以十萬計上色喜及對他事畢退上猶顧左右咨嗟曰活人至十萬亦幾矣時嗣昌在側遽曰虔戶版幾何而動言十萬此罔上也上嘿然久之然終嘉公能諭吏部遇督撫闕推用遂超拜都察院右僉都御史奉勅巡撫山東登萊東江等處陛辭賜銀兩紵絲表裏遣中使四人扶肩轝出都觀者

榮之及至鎮歲饑題免積逋銀四萬七千兩捐本年租増
修昌邑濰縣諸城改築平度州爲石城一如守贑之五城
者孔兵引朝鮮船至旅順鳴鼓告急公方治文書展卷不
輟密檄津門山海之爲犄角者乃令標將余國祚預貯火
筒以焚其船至夜襲破之獲大銅礮三十餘架東海之覬
伺者自此頓息特慮流寇横勢將阻漕欲疏膠河故道傍
通海運既已親歷相視具有成畫疏入嗣昌銜夙怨謂漕
非公職嚴飭之初公赴鎮時屢以他事奪公俸至是奉嚴
勅知事不可爲自陳奉職無狀請告歸無何嗣昌以督師

死衆望公起會兵部增設右侍郎備邊關制督之選廷推公爲副以覘上意上見公名即報可疏辭不允甲申復首推公戶部尚書時倪文正司計力薦公可用故事官計無浙人者上特用文正令復用文正薦特旨兵部馬上催公入京至淮聞闖變慟哭草檄討賊劉忠端見公檄曰信矣遂詣浙撫黃君同舉義以應宏光朝馬士英兼本兵公仍爲副每同堂坐機事一決于士英公不平求去且每在堂公正色危坐士英跛踖不自安遂分部事判兩堂命公督理餉庫漕運暨公諫罷朝語侵士英且極言安置四鎮不

宜以廬鳳淮揚祖宗湯沐重地遽予之擁兵自衛之人夫帶礪之盟侯有成績卽事在急遽爭先歆賞亦必策以自效使恢一城卽予以是城復一地卽予以是地當前激勵未爲不足乃兵未卽動而遽剖內地以畀之江南尺寸土可勝剖哉士英惡其言諷臺臣劾公無可劾乃使御史何綸論公耄失拜舞儀勒致仕時公年六十有九矍鑠進止步履無少誤者江東監國起公工部尙書及閩中建號以武英殿大學士兵部尙書起公遣公門下士閩撫吳君春枝賫詔諭促公入閩不答杜門郄埽者七年臨卒流涕曰

吾頗知兵且官兵當國家需兵之時乃不得效死爲國家用

倪文貞公傳

國朝　蔣士銓

倪公諱元璐字玉汝一字鴻寶紹興上虞人父涷萬歷甲戌進士官南兵部郎定船政軍衛尸祝之出知撫州歷守淮荆瓊三府所至稱循吏公性奇敏五六歲即能文字作牡丹賦識者目以公輔才天啓二年登第改庶吉士授編修首輔葉向高嘗曰三年無片刺及吾門只一倪君也五年冊封德藩移疾歸洎還朝魏奄爵上公配孔廟公典試

江西命題識切奄怒甚會莊烈帝登極奄伏誅得免於禍崇禎元年遺黨阮大鋮楊維垣等護持舊局力扼東林公抗疏分别邪正之界并請召用韓爌文震孟辨鄒元標非僞學請復天下書院維垣再駁公再疏柄臣以互詆兩解之時逆案未定奄黨猶存得公首先抗論清議始明而善類亦稍登進尋進侍講四月請爕三朝要典帝命集廷臣議遂焚其板時同郡來宗道曰詞林故事惟香茗耳何事多言朝列因呼爲清客宰相公又與兄御史元珙追論故相魏廣微𣏌秉謙不職詔揆焦芳例黜廣微爲民秉謙削

籍于是科道中毛羽健鄒嗣祚高宏圖顔繼祖相繼劾逐
魏黨旬月盡去上親定逆案分七等禁錮實公三疏啟之
也四年遷南司業再遷右中允上特重武科始命行殿試
涿州馮銓子貟技勇而下第中官以聞帝疑考官有意抑
之悉逮下理勅公偕方逢年再試事竣公白其無弊請貸
之是時輔臣韓爌錢龍錫劉鴻訓相繼罷而溫體仁周延
儒入閣右中允黃道周以救龍錫謫外公疏稱道周行清
識車非臣等所及願以已官讓之代貶又薦前府尹劉宗
周清正剛介宜召還京師以勵風節皆不報因四乞歸省

不允政府啗以美遷公曰平生不愛熱官不喜居要人牢籠之內石齋輩既去而我獨留有靦面目矣辭焉六年遷左諭德充講官晉右庶子掌坊事上制實制虛各八策其端政本則規切體仁云恩怨不橫于胸好惡必循人性毋徒傷元氣而情面仍存毋浮慕虛名而叢脞滋甚毋以意見仇獨立之士毋以聲顏拒來告之人如此則材識自生勳猷自著體仁銜之八年正月流賊隱鳳陽焚陵廟公謂此國家大辱請上下罪已詔悉蠲崇禎七年以前逋賦且謂及今不圖必至無地非兵無民非賊刀劍多于牛犢阡

陌決爲戰塲陛下安得執空版而問諸燐燹之區哉上從之然體仁條列赦款率以空名塞未盡行也公在講幄撰講義以催科賦額箴切時政體仁謂語意峭急發政公曰啓沃自講官事此後峭急方盛耳必爾當去官一日講說命惟暨乃僚罔不同心體仁在側公語直侵之上怫然抵書盡几端叩首上視公徐申正義上爲霽容其諤諤如此俄陞國子祭酒先後列上十四事皆援祖制作人才上可其奏意甚嚮之一日手書公名下內閣命以履歷進體仁大恐顧臺省無可諭意者值誠意伯劉孔昭謀掌戎政乃

嗾之訐公封典事言其妾冒妻封章下吏部蓋公爲孝廉時娶冢宰陳有年女以貴介故失禮於姑公禀母命不得已出之約署如陸放翁出婦故事而以所受負郭數頃盡給之俾長齋繡佛以老旋娶于王始成進士故鄉試録載娶陳而會試則娶陳娶王並載于録然既與義絕則例不得封也時同郡尚書姜逢元侍郎王業浩劉宗周及兄元珙皆言陳氏以不順于姑被出繼娶王氏非妾部議行按撫勘奏體仁意阻即條旨云登科録二氏並載朦混顯然何待行勘擬削籍上察其誣改命予告歸里十五年冦焰

且熾九月廷臣交薦公乃起爲兵部右侍郎兼翰林院侍
讀學士以母老辭詔促之明年入都陛見言今之本謀在
乎人主力行仁義提振紀綱且今天下大勢西北已日就
凋敝則東南爲財賦重地請以九江爲中權武昌爲前茅
淮揚爲後勁特設威望大臣統之無事則通貨貿遷有警
則南北兼顧此富强之術也帝甚喜乃注意相公矣陳演
既陷廷儒以罪忌公入閣詭入告曰天下洶洶患兵農不
得人今廷臣才望無如元璐與馮元飈耳上不察卽日拜
公戶部尚書兼翰林院學士而任元飈兵部公以祖制浙

人不得官戶部辭上不聽且引高皇用宋濂劉基爲喻公
乃拜命五月上生節要義疏及卹車戶改雜折省弁職等
事上皆從之五日三賜對公進三說謂戶兵二臣當同心
計畫準餉以權兵準兵以權餉被寇之區餉多虧折敗軍
之餘兵亦消亡彼此相權則數淸而用足若小生小節無
益于事必求一舉得數十百萬又必有利于國無害于民
且云臣本儒生諸所設施豈可權宜苟且臣必以仁義爲
本苟厲民臣必爲民請命上曰卿眞學問之言本原之論
也乃與元飈同志鈎考兵食頗有裨益中外倚之而時事

已不可爲帝亦以用二人晚悵悵而已故事諸邊餉司悉
中差公請改爲大差兼兵部銜令清核軍伍不稱職者即
遣人代之先是屢遣科臣出督四方租賦公請專以歲計
責成撫按毋煩朝使自軍興後正供之外有邊餉新餉練
餉之目吏緣爲奸公請合爲一又請收漕天津歲運關寧
薊永三百萬石內扣五十萬石輸太倉用四十萬金折給
四鎭米石八錢太倉得米而邊軍喜得金上下便利又請
直省修舉朱子義倉舊法以備凶荒時國用日絀公不得
已請開贖罪例且令到官滿歲者得輸資給封誥又請倣

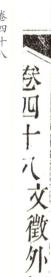

元人海運策可歲省金錢四百餘萬帝皆報可當流賊之起也勦撫互用飄忽難制公謂此猶流水其勢浸盛倘令雄踞大都按兵四出本計一定不可復禦矣及李自成據襄陽進取唐鄧規畧大河以南將北渡張獻忠自安廬西入蘄黃窺武昌以爲聲援公謂二賊當離之使不相及乃可專力以圖自成授首取獻忠易事耳又大帥左良玉以縱掠荆楚心懷兩端宜薄責往咎厚責成功乃白之上請命鳳督及淮皖鄭豫諸撫臣畫疆自守進秦督孫傳庭尚書督師七省銜諸將分道南下勦自成命左良玉沿江伺

便進擊以是傳庭拔寶豐唐郟逼賊襄城而良玉亦收復
承天及荆襄諸屬縣會傳庭軍饑爲賊所乘退保潼關自
成乘勝長驅潼關陷傳庭死之公撫膺大慟曰嗟乎垂成
之功隳于一旦天下事安忍復言乃上疏謂今天下雄藩
無如秦晉請賜敕諭之如能殺賊不妨假以大將之權事
平谥封一子以報如遜不知兵令悉輸所有餉軍毋齎盜
糧未幾西安破秦藩累世府庫盡爲賊有焉十二月陳演
魏藻德皆以計臣起家詞林錢穀終非所長爲奏上曰計
臣誠實心任事顧時艱未能速効耳方岳貢具言元璐清

操練事不可易甲申正月上命措餉百萬公奏部帑不滿二千外解未至且奏浙中亂民許都之變勸上停止開礦造鈔諸法乞收回成命上乃不悅令以原官專供講職仍視部事候代至二月晦始以吳履中爲戶部左侍郎筦計務是月命李建泰督師公謂賊既入秦則遏賊當在晉晉有備而後進可戰退可守今黃河千里處處可渡請責沿河州邑各自防守赦今年田租之半使人有固志又改軍籍爲民籍令輸粟入官永免勾補可致餉千萬未及用而山西陷矣上猶遣科臣中官四出催餉並徵贜罰贖鍰公

悉阻罷之賊勢旣逼公密請命東宮撫軍江南以鼓士氣
而繫人心不聽又請懸重賞募敢死士五百人可破圍召
勤王師亦以爲無及公嘗歎曰今上憂勤無失德之事但
兵餉空乏之是以聽言用人定封行賞多出忙亂吾有一死
以報君耳都城陷日公母在浙八十有四矣公整衣冠北
謝闕南拜母書几案曰南都尚可爲死吾分也勿以衣衾
歛暴我屍聊志吾痛遂南向坐取帛自經而絕福王贈太
保吏部尚書謚文正　皇清賜謚文貞命有司祠祭焉
公耿介伉爽在翰林時客有佳紙乞擘窠書已揮十字問

知爲中官物欲遽裂之客奪而竄一縣令求草制致束帛內裹黃金公受帛返金皭然自矢及任大司農庭可羅雀無敢以私干者公生平學問師鄒元標而友劉宗周黃道周其持論每自淺近以入深微嘗謂人之附小人者必小人而附君子者非君子名節之士或有所矯激或涉于假借皆自欺之病也故學以誠爲主又謂立品始於有耻自嘷蹴爾汝之間擴而充之逐漸體勘耻爲不仁則勉而爲仁耻爲不義則勉而爲義又謂人當淸夜時檢點旦晝所爲便有多少不慊于心處從此隨事警省卽集義之方也

嘗稱宗周曰劉先生今之考亭歷年又曰念臺是當今第一人物歷年又曰此老眞大儒胸中無所不有不但清孤可信也其虛懷樂道如此公所著兒易及春秋鞠通二書皆有關經學又奏疏十二卷文集三十餘卷子會鼎編輯完本藏于家

黄肇敏家傳

國朝汪沆

肇敏字克成姓黄氏上虞人少穎慧讀書過目輒誦年十七爲學官弟子性伉爽不畏彊禦樂急人之難寠人子負官鏹將鬻妻以償相持而泣肇敏慨然爲代輸邑有武弁

縱兵淩百姓勢張甚莫敢枝梧肇敏列其罪狀揭于監司監司陰庇武弁持兩端不下復揭于院弁卒落職去一邑稱快四十貢入成均戸部侍郎李仙根疏薦于朝辭不赴歸葺漱芳軒貯古法書名畫吟嘯其中以自娛樂同邑周聲鴻能文家四壁立肇敏引與友尋爲治裝促其游學京師聲鴻渡錢唐江盜胠其篋垂槖以歸肇敏又割膏腴田以貲之旣行仍振䘏其家使紓內顧憂比肇敏入京聲鴻已譽滿長安矣逾年聲鴻授河南商邱令緘書招肇敏肇敏念不見故人久爲之命駕留一月即歸瀕行聲鴻厚報

之稔其介不敢遽進因密置千金篋中戒僕人勿泄肇敏抵家啟篋僕以實告肇敏歎曰我知故人故人不知我何也雖然返之逆故人意吾爲周君代宰可也乃召貧不能葬及過時不能昏娶者給之一夕立盡肇敏家居撰述極富卒年六十二既歿之二年有宦于粵東者致賻三百金云貸之昔年家人無一知者葢其生平陰行德而不求人知類如此

孝靖倪先生傳

國朝　茹敦和

孝靖倪先生會鼎者字子新晚而自號無功明忠臣文貞

公元璐子也年十六補諸生其時於書巳無所不讀會漳浦黃先生道周方謫官江西以病稽於越文貞舍之衣雲閣命先生稟學焉既而黃先生復被逮廷杖下詔獄先生從之京師經營橐饘受學於獄中黃先生戍辰州阻於賊未赴先生從之大滌又從之武夷會文貞以兵部侍郎召先生始歸崇禎十七年三月明亡莊烈帝崩文貞死之四月越中變聞左都御史劉先生宗周蘇松巡撫祁公彪佳吏科都給事中章公正宸等皆衰絰荷戈慟哭於軍門請討賊而巡撫黃鳴俊不時出師先生以文貞柩在賊中將

微服北行乃募壯勇數十人與俱布討賊之檄於天下南
都既立福王福王亦無意出師而我　大清兵入關討賊
賊竄走遂葬莊烈帝於思陵先生亦得扶文貞柩以歸先
是文貞在兵部以擒劉超故廕一子錦衣僉事至是以殉
難故又廕一子錦衣僉事先生當得兩僉事明世武臣無
丁憂例累檄促之赴官而是時皖人阮大鋮翻逆案驟起
掌兵部事先生遂以喪服辭不赴也南都再亡唐王聿鍵
僭號於福州漳浦以大學士督師承制授先生職方郎中
監其軍事先生復以喪服辭漳浦遺之書曰屬以時事之

艱思借箸於君非敢以一官相溷也正使縞冠素韠出入戟門於君何譏於僕何損先生雅不欲與唐王事以漳浦故不可以不赴迺邐趨廣信臥邸舍待之漳浦至議兵事多不合漳浦憤然曰君昔者在吾前智略輻輳今喋喋如此老生耳先生曰先生正欲爲火迫文天祥然於事無濟若何發源敗漳浦見法於江甯先生請其元葬之事畢遂歸杜門不復出順治九年　世祖章皇帝褒恤明代忠良贈謚葬祭咸備先生北向稽首慟哭曰　新朝之於先臣至矣而遺孤墮艸莽將何以報哉念生平經世之學

所受於漳浦者倘歷然胸臆間乃彷四通一行之例臚爲
一書以告六官長屬冀以裨補萬一書凡二百七十餘卷
名之曰治格會通其自序畧曰予少聞禮於趨庭長執經
於漳海妄以習聞臺閣自許無何銅馬蔓滋潢池羹沸攀
髯灑碧呫裂山頽蔡際
聖皇整旅入關受天成命
奄有九夏揆文奮武以開萬世無疆之休於是仰山川之
再秀覩日月之重光攀龍附鳳之彥罔不出其經綸以黼
黻明盛小人有母奉菽水咏太平已耳會老友蔣子杜陵
來自雲間以網羅散失相屬予心韙之特念四通一行互

進迭興而世鮮湛深之士者以有二畏也編簡浩繁望洋無際則畏之端倪雜見作止屢遷則畏之我思古人厥有二道温公作通鑑時流猥以引睡機仲患之離爲二百餘事事爲本末俾若散錢之歸緡貫而後天下知讀書之樂東萊作大事記又復爲之解題考亭善之稱其一句便括一段使如尺衡之占象緯而後天下無泛讀之憂今法機仲則多其綱目綱有一總以統其全目有巨細以析其杪層積眉列而本末自出則錢無不連於貫者矣法東萊則歸重細目連篇累牘之文括諸數字轉喉凝睇之始洞其

指歸則緯無不周於衡者矣其次則言删通衍相積其勢不得不删然删恒不删特删同不删異删遠不删近删瑣不删大删文不删義其大指也亦有事本恒瑣而不删者如屯田牧地則存其境址賦税課程則存其規額下至農桑畜牧器用百工既關治道則不得而去亦有事屬殊特而删之者如氏族六書七音以至金石草木之類博雅所資而無關政要則亦不得而存又其次則言述四通遞嬗續考最後畫於神宗之中祀今以崇禎爲屆四朝典故雜而難稽史志未成稗官叢謬雖就所聞見紀之心焉惴惴

不容不跂足於後來之彥也若夫熠燿微明夸稱尚友竊
窺往世所操不同杜王矜慎評陟眞贗纖鉅畢宣漁仲天
資敏妙瞻矚高遐雄辯所歸不無武斷求其渾脫經史鎔
鑄古今層折入微動中窾綮厥惟馬氏所願學也苦才之
不逮蚓唱蛙鳴自適己事已爾六十而濡毫八十而輟筆
擯鑪郤扇心摹手追生平精力盡於此書冀或免於蹶車
覆瓿其曰治格者本諸西山大學衍義所云治天下之律
令格例也會通有三義言學者以研辨通之言治者以因
革通之而言六經言三代者又必會兩漢唐宋元明以通

之也先生既孜孜撰述一切外事皆不問康熙二十年越大水西江塘圮自臨浦至褚家墳決口凡十三處當事者務苟且欲小小補苴先生慨然而起謂宜合山陰會稽之力以助蕭山按畝而輸分段而築務爲百年之利而是時鄉人姚宮保啟聖方總師閩中議并修三江閘馳書請先生主其畫先生乃剡其石以禦湍流其餘亮秫灌鐵一如舊法又修磧堰麻溪壩治其黄洞之淤塞文移書牘商榷詰難相往復者蓋數百萬言皆先生手書自辛迄壬廢寢食者一載有餘而後訖工工既訖復孜孜撰述如故漳浦

蕺山皆文貞執友而先生之學主漳浦不主蕺山其所與遊如黃處士宗羲姜京兆希轍董山人瑒以至孟學思祝守埰等皆蕺山弟子宗羲著明儒學案七十卷先生亦著明儒源流錄二十卷以明示異同其他自詩文集外又有古今疆域合志越水詹言等書皆與會通相表裏膠州高相國宏圖遯荒居東城禹跡寺先生繼粟肉終其身雲間蔣大鴻平階郎所謂孝友杜陵生者也寓越主姜公子垚先生亦時賙其困乏其後遺民逸老漸次凋謝而先生享大年巍然獨存或以爲得金丹之術先生笑曰非也康熙

四十五年終於家時葢八十有七議謚者宜與陳維崧

徐漢官學士傳　　國朝 章學誠

徐公諱復儀字漢官出上虞徐氏幼穎慧其宗人禮部主事觀復早挂冠歸隱居於太平山選宗之俊穎而造就之尤賞識公嘗謂公曰子學問氣節不讓古人但數乖爾太平山深氣寒多積雪雪深丈餘瀰漫亘數十里沍冰夏始解寒芒射目不可逼視公心契之自號雪潭斂於爲文或與人對奕振筆而書輒有奇氣弱冠爲生員崇禎十五年壬午舉鄉試癸未成進士值祖母陸太宜人卒疾馳歸明

年聞國變公投袂起曰君父仇不共戴天即北行會福王監國南京因備芻上疏言大恥未雪逆賊未擒梓宮未還國殤未恤太子二王未復宜義戰毋利戰宜力戰毋舌戰宜公戰毋私戰時朝士攻訐成習而奸輔馬士英方鬻官爵報私恩怨總兵高傑黄得功又搆兵淮揚故痛言之不報授刑部主事尋陞本部員外郎乙酉推公主考雲南就道未數日而南都亡時所在阻梗雲南副主考與貴州主考無行者或勸阻公公曰在國殉君奉使則殉君命此大義也且邊徼人心未知虛實必生觀望吾姑以文教羈縻

之使有所繫而不散庶幾或有興者其庸有冀乎崎嶇至
雲南與巡撫司道言之俱北嚮哭公因勸以勤王不能用
也然人心洶洶城門晝閉公告大吏宜鎮靜毋遽張皇較
試榜揭如治朝民間賴以稍輯還過貴州撫按請公主貴
州試公不可巡按遂自試之故是時明無主而雲南貴州
取士如常制也會唐王稱尊號公趨詣復命改翰林學士
公辭曰翰林學士所以潤色太平此乾坤何等時臣不能
馳驅效命猥賜追陪清宴臣死無以塞責時政由鄭氏公
內不能平乃棄官去抵浙聞閣臣黃道周被執心益痛爲

詩哭之未幾福建敗唐王被執又未幾西陵軍不戰而潰魯王航海公撫膺慟哭曰無能爲也遂歸拜父母牀下泣曰兒欠一死爾兒不肖願大人自愛無以兒爲念遽辭去不知所往或登崩崖躍墮地或夜臥林麓虎豹來觸之不動幽篁雪窖間樵芻或時見之輒避匿不語公未有子或諷以父老宜爲後嗣計不畜繼室黃妾范先後以憂死不顧所愛女夭殤不哭亦不問也如是數年人無能蹤跡者會天忽大風雨晝晦公暴卒於山麓死狀人無見者或曰兵四合家人散去公歌采薇之詩是夕野死翌日父往視

之目箕張哭曰兒死不負國矣無以我爲念乃瞑祔葬於
參政公之兆公死無後乾隆七年族生員自儆建三忠祠
祀七世聘君文彪九世少卿學詩及公而三先是同府諸
生傅列張等祔公於府之七賢祠因爲文以祭曰維年月
日後學諸暨貢生傅列張山陰廩生張宗城會稽生員陸
曾亦率八縣諸生奉明翰林學士前刑部廣西淸吏司員
外郎上虞徐公神位祔祀於忠端劉先生諸先賢之祠而
進其說曰忠義之於國家猶人身之有元氣尼父則曰殺
身成仁子輿則曰舍生取義世儒繹之則曰總成一是而

已嗚呼乙酉之變　王師渡江金陵瓦解列城趣降孤臣銜命萬里遐荒崎嶇危難險阻備嘗流離顚沛之中不敢委君命於草莽繫人心於一綫羅甲乙而揭榜報簡書以無愧辭學士之淸班知時事之難爲遂間道以趨還進謝高堂白髮之悲退深故國黍離之痛指黃泉以爲期仰蒼天而長慟可以不死而克死先生之仁成矣先生之義取矣先生之死且不朽矣而某等誼切鄉閭慕矜山斗老親如昔皤然黃耇春秋霜露承祧無後魂兮歸來能無恫乎時之不偶嗚呼先生自以致身通顯國恩難忘龔勝比潔

伯夷爭光與汗顏以生孰若潔身以亡子忠父教理順心
康此則先生所以獨求其是成仁取義而處變如常者也
某等僉謀合議以爲如先生者允宜俎豆於念臺諸夫子
之堂庶幾同德比義合享馨香載斟載酌彷彿來享

述

國朝　胡天游

王大夫述

甲辰二月予自杭以舟而東有上虞人求載者狀甚遽叩
之乃對曰吾大夫王君卒次歸喪京師吾將從邑人祖焉
語終蹙然於是詢之曰子之君亦奚政之惠於若士乎訟

息乎獄辭乎刑不施乎盜賊徙去乎利興而害剔而教化徧洽乎則默然哂遲然應曰否否然則子之情如喪親愛而不能已其若何曰吾大夫爲治訟即不息而聽以平獄即不辭無濫且有郵也刑不得不施而愼又從其省者盜賊或間發擒於庭治而諭勸之時時悛吏胥不得奸武猾不得暴催科無有迫當事無有惑是盡心於民彼利之予而害之去教之行而化之及果令一人責耶吾固好游今天下割省大小十五嘗以至焉郡百數十州邑幾二千守長廉惠未數聞其貪黷殘鄙接壤連境符出一孔求吾大夫

之政以賢於盜祿血國豈不謂遠哉如必子之云古吏之良也於今其奚獲焉予聞而喟然夫三代而上非賢且仁者無以涖官故其政均而民不知所頌三代之下所以爲治者既衰若兩漢循吏猶多以養民導俗爲務後世益媮選舉術乖託要重者雖玷位無罪善諂賂者而牟賊曰才是以民誹不服具瞻而嘻若王大夫於虞非有異施家感人說已懼若來者之難似然孟子曰饑者易爲食渴者易爲飲其信然乎吁

碑

曹娥碑

漢 邯鄲淳

孝女曹娥者上虞曹盱之女也其先與周同祖末胄荒沈爰兹適居盱能撫節按歌婆娑樂神漢安二年五月時迎伍君逆濤而上爲水所淹不得其屍娥時年十四號慕思盱哀吟澤畔旬有七日遂自投江死經五日抱父屍出以漢安迄於元嘉青龍辛卯莫之有表度尚設祭誄之辭曰伊惟孝女曄曄之姿偏其反而令色孔儀窈窕淑女巧笑倩兮宜其家人在洽之陽待禮未施嗟喪慈父彼蒼伊何無父孰怙訴神告哀赴江永號視死如歸是以眇然輕絕

投入沙泥翩翩孝女載沈載浮或泊洲嶼或在中流或趨湍瀨或逐波濤千夫失聲悼痛萬餘觀者塡道雲集路衢流淚掩涕驚動國都是以哀姜哭市杞崩城隅或有刻面引鏡剺耳用刀坐臺待水抱柱而燒嗚呼孝女德茂此儔何者大國防禮自修豈況庶賤露屋草茅不扶自直不斵自雕越梁過宋比之有殊哀此貞厲千載不渝嗚呼哀哉

銘曰名勒金石質之乾坤歲數歷祀立廟起墳光於后土顯昭天人生賤死貴義之利門何悵後落飄零早華葩豔窈窕永世配神若堯二女爲湘夫人時效髣髴以昭後昆

明太保倪文正公祠堂碑銘　國朝全祖望

尚書贈太保倪文正公本上虞人而居會稽今有司致祀皆就近祀事於會稽而上虞反闕焉然會稽亦未嘗有特祠乾隆戊辰知府揚人杜君謂當建祠于上虞而苦經費無所出時予方主越中講席語君以上虞故有書院何不即其中重新兩楹以祀公古之釋奠必於其國之先師公豈非上虞之先師也與是甚合禮意杜君曰善因捐俸鳩工特具栗主以入祠而屬予銘之因國之季天下所稱大儒蕺山劉公漳海黃公而公實參之蕺山爲公同里然其

初人尚未盡知其學公與之語而歎曰劉先生今之朱元
晦也每見學者輒語之曰勿坐失此大儒故年譜亦推原
證人之學得公始光漳海爲公同年其在三館最相傾倒
甲申之難漳海哭之曰鴻寶死天下莫能宗予也夫顧蕺
山之學不甚合於漳海而公則與漳海之學相近乃其於
蕺山絕無閒言遺其弟朗齋從事證人之社而長子無功
受業黃氏去短集長不名一師斯其所以爲大儒也與公
之學尤邃於易然所傳兒易內儀尚非完書特其儀中之
一種所云易以者也尚有易之亦成書而未出其曰以者

取象傳曰之者取變卦也然又別有目云易像云易崇云易迭云易知云易趨云易成云易定云易歷云易律云易見云易統云易序云易配一如內儀之分列者其書皆已起例削草而未及卒業予曾求之其家得其易之二卷手稿殘斷不完爲之太息蓋公說易大都在理數之閒天門地戶淺學未能窺其藩也公之直節在朝廷精忠在天壤不特明史書之抑且五尺之童皆能道之獨是蘋蘩蘊藻之祀乃在講堂則所當言者乃公之學且公之學卽公之直節精忠所自出也諸生其能讀公之書引申其墜緒而

得公不傳之旨以見之力行者乎是則公之所望也乃若蕺山官爲總憲其清苦刻厲有布衣所不堪者漳海亦然而公則頗極園亭池榭之勝衣雲閣之風流當時所豔稱蕺公先世故膏粱尊人四歷二千石亦行乎其素耳試觀其立朝死國何者不同然後知三先生之趨一也今天下士習之汙極矣諸生遊公之祠予請誦公易之之說以相厲易之有云兌之朋友講習乾道也乾惕及夕志潛於習氣躍於講志氣交發文明日見是故作朋求友者天子之事也以五見二乃曰利見大人利見者此朋友也人有大

人之德則可以朋友天子天子不敢亢大人而臣所受教此飛龍所以无悔而乾之同人卽二之變也是言也自孟子以來未有言之如此此巖巖者殆當公爲講官之時乎顧公之言所以諷天子而吾引之卽以勵學者夫必有大人之德而後可語此其亦宜知所興起日夕講習自拔於犬馬艸芥之中以雪江河日下之恥也已公之弟元瓚卽朗齋嘗仕閩中爲太子賓客子會鼎卽無功嘗官職方參漳海軍其後皆爲遺民有高節應得祔祀予於公之主入祠旣已爲之迎神送神之曲至是爲之銘以復杜君其詞曰

在昔元公晚徙廬山亦有朱子不返新安故鄉香火永矢勿諼大儒所生足重山川始寧嚴岫色正芒寒三菁仙草以當蘋蘩文正騎鯨來往其間諸生敬哉玩茲微言

墓誌銘

宋戶部侍郎劉忠公墓誌銘

宋 程公許

湻祐四年九月三日宰相史嵩之以父憂去位後二十有五日詔以前監察御史劉漢弼自崇禧祠直寶章閣知溫州踰月改除太常少卿於是諫議大夫劉晉之殿中侍御史王瓚揣上意將有易置率監察御史胡淸獻龔基先夜

草奏叩銀臺門繳入乞將漢弼新命寢罷上遽攬衣秉燭
閱過出手札付外翌日太祖忌百官侍班景靈宮知樞密
院兼參知政事范鍾拆封則四人左遷而漢弼獨以諫院
召時嵩之謀起復依四人爲肘腋儔侶翕訿聲勢張甚聖
上天造神斷百辟震悚有旨以漢弼侍講幃幄越三日又
有臺端之命申詔趣發且面諭范鍾以書速其來十一月
四日引見論事稱旨流風不競以天子耳目官爲柄臣私
人公道堙鬱方賴公一振起之俄感末疾明年正月三日
遽以遺奏聞上震悼士大夫相顧駭愕二月朔旦丞相杜

範始自天台來朝扶病治事四月二十日亦以薨聞五月二十九日起居舍人徐元杰無疾暴亡三君子忠鯁端亮上所注意不五月相踵淪謝世故之不可料若此豈氣運消長天實爲之抑人事與天理不相爲謀而然耶公卒之明年十一月庚申始克葬孤怡嘗以墓銘屬公許論撰誼不得辭謹按公諱漢弼字正甫漢中山靖王之後其先居金華九世祖仕吳越武肅王爲殿中丞左遷象山令道由上虞因家焉曾祖諱平貢太學祖諱開舉進士父諱昌齡貢里選贈宣教郎公生四歲而哭父家貧薪水莫繼太夫

人謝氏憫其孤弱一意保抱少長課以經籍能通大義習舉子藝業敏贍絕出流輩鄉先生李磐翁故參政莊簡公嗣子也以風節爲一時聞人公從之遊學識益茂尋以書學冠嘉定丙子鄉貢明年奉召南省庭策甲科第七人調吉州教授歷江西安撫司幹官監南嶽廟浙西提舉司幹官召試館職除祕書省正字序遷校書郎兼沂王府教授授祕書郎著作佐郎兼史館校勘權考功郎陞著作郎明堂大禮差充讀冊官以更迭乞補外知嘉興府召還著廷兼兵部郎改兼考功尋眞除爲員外兼崇政殿說書編修

國史檢討實錄擢監察御史奉祀崇禧知温州尋除太常少卿以左司諫召擢侍御史兼侍講以户部侍郎致仕公奮自儒生居今學古尤明於義利取予之辨初爲教官學廩出納皆歸之糾曹江西崆峒徭挺亂邱壽雋以路帥開幕府虛席以待其來公至而邱已卒魏大有攝帥事與邱有舊怨意若移怒於公公即請辭以歸魏竟以暴刻激變識者嘉其有遠見贊畫吳門督牢盆之利凡以事例爲名者公未嘗有纖芥入私室用大臣薦入館介時上欲勉戚里以學詔皇后宅置講官公首被選慨然曰三館清流出

入貴戚之門豈惟辱其身是辱其官也力辭不就事亟隨
寢時値歲歉一意撫牧民德之深曰天其吾民累公平還
執經筵惟談經析理默寓規諫上益簡注至是爲察官入
謝上獎諭之曰以卿純實不欺故此親擢更宜悉心忠告
公益自勵每謂臺綱久弛疏三事曰定規模正體統遠謀
慮首論給事中錢相巧於迎合睥睨政地直學士院吳愈
不稱其職當罷去之濮斗南由南床掌外制葉翥以宮教
爲言事官公察其回曲不少貸疏留中不出翥爲時宰腹
心有縱臾使互按者明日翥左遷蠣而公有少常之命公

力伸辭請徑絕江去後一年始有崇禧之除甲辰冬再入
先是時宰久擅國柄予奪廢置恣雎自由時論憤鬱上亦
患苦之以公正色不撓爲可屬任而淫朋膠固未悉上意
日夜引領傒其來公引見首贊上分别邪正以息衆疑上
領之再三奏疏論立君心正君道謹事機伸士氣收人材
五事次論臺諫之刻奏不當循月課官寮見臺諫不當循
月禮皆切中時弊上嘉其言并付外施行之公自遷南床
踰月上於朝廷大議未有予決密奏兩疏其一謂自古來
未有一日無宰相之朝今相位之虚已三月矣尚可狐疑

而不斷乎西漢之末王氏專政劉向嘗欲去之而成帝惑於杜欽永谷之奸言故王氏卒不去以移漢祚西晉之始賈充用事裴楷嘗欲去之而武帝惑於荀勖馮紞之邪說故賈充得以復留而爲晉禍臣觀廷臣爲劉向裴楷者少爲欽永勖紞者多竊恐奸言猶有以惑聖聽願奮發英斷拔去陰邪庶可轉危爲安其二以十一月十二日西北方時有雷聲天文書大臣專政君弱臣强之應願亟選賢臣早定相位上覽公奏意遂決會公許蒙恩召以左螭兼內命嘉平月三日入奏事俄頃有旨宣鎖翌日文德殿宣布

范公杜公並命百官舉笏相慶國論大定賴公密奏之力爲多公自入臺累章刻奏同檢書樞密院金淵兵部尚書兼直學士院鄭起潛宗正少卿兼檢正舍人院陳一薦司農卿謝逵起居舍人韓祥新知泉州濮斗南步帥王德明皆疇昔託身私門爲之腹心盤踞要路公論之所切齒者至馬光祖奪情總賦淮東乃去相預爲引例之地乞令追服終喪尤有補於名教嗚呼使公少假歲月得以展布則羣憸何所逃罪天下尚可得而理也上嘗屬公以薦人才退而條具以奏皆時望所歸重公以受知特異而奸邪未

盡屏汰議論，未能堅定，積憂薰心，遂感末疾。上聞之，憂形於色，命上方賜藥餌，給錢楮。公感上恩，泣數行下。然病日寖，不可復療，抗章納祿，有旨眞除户部侍郎以賁其終。乙巳正月三日卒於臺治之正寢，特贈四官，與致仕遺表恩澤。奉喪歸葬，上虞賻贈銀絹甚厚，勅紹興府量給喪事。八月，御札贈官田五百畝、新楮五千緡，以給其家。庶爲臣者知所勸焉。生榮死哀，君子孰不以是爲古今鮮儷，豈知主眷之渥，而未能竭知以圖報，親年之高，而莫克竭力以終養，歿且有知，九原賫恨。曷維其已乎！公氣度凝遠，識趣正大平居簡默未嘗妄發一語而疾惡好善見義必爲嘗謂士大夫窮達有命苟依附不得其人躐進躁求他日勢去援孤所得毫芒所喪邱山雖欲痛自澡濯不可得也嗚呼斯可爲名言也已年五十有八官從四品而婞節修名照映宇宙其爲壽與顯也不既多矣乎太安人謝氏封太夫人夫人周氏封碩人一男子怡承務郎新差監嘉興府都酒務一孫公撫其姪悦如己子怡以遺表之澤官之遵父志也墓在上虞縣上管鄉南嶴之原公許來自西州與公並遊蓬館甲辰更化後先被召相與矢心協濟國事公首

棄遊疑議無所質兩載殫勞一無補報念此傷心不愧蕪陋爲叙次而銘之非有關於國事者不著銘曰天之生材爲國壽脈脈得其養堅壯充實外邪客氣奚自得入古先哲王念此怵惕涵養成就汲獎珍惜不以匪類爲之蠧賊元氣保固國乃其國允毅劉公端亮純實山立朝端休問靄鬱翩其引歸帝念不釋歲甲辰冬更理化瑟詔以公起爲國司直分別忠邪如辨黑白開陳利害如品藥石朝綱放紛如髮斯櫛公道堙塞如茅斯拔淫朋堅固如距斯脫甫浹六旬天日開豁故不憖遺而奪之亟厚其植矣遽天

闕矣菑其獲矣暴摧折矣殄瘁之痛何嗟及矣當宁軫念
顧瞻太息多上聞訃匍匐涕泣贈賻從厚土田加錫節惠
易名國有彝式尙克舉之光被幽穸詩刻墓門庸詔罔極

倪文正公墓誌銘

明　黃道周

主臣之際難言之矣螮蝀揚輝羲輪不光不見才則難爲
主見才則難爲友固有聖主賢臣共集一堂殺身副之而
卒無濟于喜起之事當崇禎時天子甚聖顧天下臣子無
一足使者猶挹心於倪先生卽倪先生亦自謂聖主知臣
臣卽死猶一當以報天子而熒惑乘之載揚載止使天子

不知所以用倪公不知所以赴可悲也夫倪公與予同年
初居翰林値聖主始旦排雲霧以命岳瀆其所爭用舍及
焚要典三疏儼然社稷之烈也稍遷宮諭爲講官感憤時
事陳八寶八虛明治安標本中及內璫藩封告密又劾少
宰保奸斥柄臣不能保辜懷耻皆牴牾上意顧上不之怒
而烏程滋忮寇震祖陵請頒罪己之詔因以除民疾苦感
發天下上深以爲然政府故抑之經歲而後詔下所司條
上文具海內怏怏失望尋遷大司成命諸子侯入學復積
分法所造士甚盛上意頗嚮之烏程遂以事中公免官公

去國而名益重家食六七年事太夫人晨夕盡歡浙中連歲大饑公區畫賑卹之策甚備倣朱子意立社倉斟酌涑水氏定冠婚喪祭諸禮著兒易內外儀發揮爻象以纘程朱之緒與及門問荅著春秋鞠通以補三傳未備之旨蓋以有宋眞魏諸公自期而處不忘君退不遺世居恆扼腕時事見邸報陷城失地諸消息輒數日不食或中夜起立繞室中行又見予抱足屢蹈湯火以爲當門之忌非國家福也壬午八月入城陷河決開封賊出河北取覃懷彰衛當事者謂公不出空有干將名不如畀之盤錯且使天子

以爲可使也一日詔下起公爲右司馬公以太夫人年高
辭不就會有旨敦趣公乃徑趨淮上冒險出濟北旬日而
達京師天子聞之甚喜曰固知是吾倪講官也即日召見
公爲條道路情形甚備又言本謀在乎主術宜力行仁義
提正紀綱愛惜人才興尚氣節定心志一議論信詔令慎
誅賞上爲嘉納五日三召情禮有加於是中外喁喁望公
朝夕爰立宜興亦慚甚自請視師亡何情見敗去而并研
謀首席甚急以賄中宜興慮公一日至秉鈞形已短乃告
上曰天下不治由兵農不得人今廷臣可任者惟倪元璐

馮元飈耳使元璐爲大司農元飈爲大司馬分部合謀不
日可治上必然之即日命公爲戶部尚書兼翰林院學士
而馮公任兵部公以祖制浙人不官戶部奏辭上召公至
中左門謂曰朕知卿久矣卿志性才猷非諸臣等奏議無
不井井有條其勉爲朕任勞又曰古帝王致治不過數人
周四友漢三傑即國初劉宋輩亦只一二人耳朕專倚卿
戶部可坐致太平因問卿今何以佐朕者公曰必使臣當
有三做一實做被寇之區賦必缺敗軍之壘兵亦亡今請
與兵部合籌先準餉以權兵因準兵以權餉則數淸而用

足一大做求民間大利大害一舉興除無事纖細泛言生節一正做以仁義爲根本禮樂爲權衡政苟厲民臣必爲民請命奏未已上歎曰卿眞學問之言深裨治道公叩首謝受事於是清邊兵併三餉甦邦畿陸運車戸改東南上供本色又以淮揚爲海內咽喉財賦都會宜宿精兵三萬統以才望大臣有警則兼顧南北無事則通貨貿遷重事權正鹽粟使屯漕煮海一舉三利則太平之業也上善之當是時天下郡邑多殘破奏蠲荒賦至四百二十五萬外解不時至太倉無經歲儲公曉夜持籌漏三十下猶繞牀

不休酌道里以給兵食馳書督撫得自生節以佐司農之
不逮日數十函纖悉備至故終公在部士無譁者而當軸
營營苦不富强礦砂楮幣之説日聒于御公數爭之未得
也柄臣又以是困公公歎曰若使傅説化爲膠鬲夷吾化
爲孔桑則吾寧就東海老耳遠西八湯若望挾伎巧以開
採進內璫陰主之以爲無害公具疏曰古稱鑄山埒于煮
海原其利害實相逕庭其説有六海挹注而已山須鑿發
勞費一也民多山居墳墓閭井钁鋤及之二也形勢所在
動傷地脉三也自萬歷中年礦使爲禍海內惋痛今復繹

騷羣心易搖四也臣觀萬歷會計錄子母出入得不償失當時進奉威脅包承總是民脂非由地寶五也有礦卒必有礦賊此輩一聚不可復散與寇通氣六也其爭楮幣之說稍委婉納約既遺中使從浙直收買桑穰公乃見蔣晉江告曰此事吾不獨力願與公分之蔣公許諾公乃先疏曰凡民間自取桑穰皆因翦落餘條於桑無害今以欽限急廹朝使威嚴所司望風奸徒生事勢必就桑取皮先蠶毀葉此何等時復堪騷動上猶豫久之蔣公亦再疏入乃輟不行而噂沓者日益進通州受井研指謂詞臣不任錢

轂勸上撤大司農還講幄上曰倪尚書忠誠肯任事但時勢甚艱未能速效卽撤誰代之者諸臣結舌上一日品諸大僚至公曰計臣却好有心思善文字且公忠體國無如計臣者而諸柄臣排之不已以楮幣礦砂爲太祖神宗時盛事鼓舞不倦行之在人舍此則計臣坐窮矣上沉思久之乃詔計臣元璐以原官專供講職公聞之笑曰是吾志也故事名而不姓惟首輔爲然爲異數云甲申二月上猶御講公敷陳樂只節追論從前加派練餉勦餉之失因及下文生財大道上方權宜國用疑其諷切詰山今邊餉匱

絀歷欠最多生衆爲疾作何理會公徐奏曰皇上聖明不妨經權互用臣儒者只知因民之情藏富於國耳且今日民情所在思亂不可不有以綏輯之也翼日上御煖閣召輔臣諭曰從來講筵有問難而無詰責昨日偶爾朕之過也蓋心善公言云先是公初在講筵上留意啟沃每遇公直講必前席傾聽而烏程宜興互有掎摭瑕疵炯然公直箴政府營私忘公上怒以手麾書倚扆仰視公抒詞益朗頃之上乃稍前就案卒霽容受焉故前後講臣如文陳黃李體備九德未有先公者也公當昌啟之際躡虎操蛇得

其要害故羣奸弭耳伏不敢肆每一疏出如撞朝鐘上震廊序卽使彼人讀之亦相對口塞不敢出一語以故天下誦公者難爲法忮公者亦難爲害公嶷然獨行挈日月以走山澤不逢不若則戊辰三疏最著迫佐樞司計以後精思碩畫其剔侵冒裕度支者尤爲二百年來所未發之議且學術純正一本大學理財平天下之道焉使早用公於十年之前則民力不至凋敝而國事尚可爲甚矣娼嫉之小人其禍人國者非細也先帝每得公疏必黏之屏間出入顧盼以爲天下偉人諸臣陰譖之無間則引宏治時劉

忠宣韓忠定以六卿稱外輔陽奉之耳上雖聖明不能察也且當是時天子以外廷無才移信中涓外廷即結中涓以取眷祖智互進公特立不懼上命王朝應高起潛等十數輩監視諸邊率驕倨不法至欲隸繡衣張縠憲總理户工二部移大司農以朱牘公上言中使啣憲動以威倨加庶司今且加於朝使大僚臣懼天下士大夫氣失何以圖功又言邊臣之情歸命軍容無事則禀成爲恭有事則推委卸擔陽謂吾不自由而陰實藉以逃恇怯之誅陛下又何苦試近習于鋒鏑使邊臣藉口迄用無成哉及在部數

爭內遺雜折不爲貶損以是表裏交怨上每意屬輒潛格之十六年十一月上將宣麻中官或言宰相天下安危請用枚卜故事冀多其人以倖公之不與上乃齋宿文華殿躬禱穹昊以金甌納名而探之曲沃穀城皆前得簡公遂不及嗚呼以天子十七載之知不能使一詞臣進於咫尺以致其功卒抱日星與虞淵同隕豈非天乎史稱陸宣公爲相其所聽信乃不如其爲學士時崔與之避位智于文天祥葉夢鼎棄官賢于謝枋得是皆不然天下之治亂主臣之離合皆有物焉司之至於安身立命或席藁以爲胙

封或晨夕以爲終古七尺之根麗于兩極何可奪也公當日相亦殁不相亦紹顧以不相殁者使天下悽愴思所以板蕩之故且使先帝在天顧念來者曰吾舊講官也是多謗者吾乃今知人嗚呼公諱元璐字玉汝別號鴻寶生於萬歷癸巳閏十一月十六日辰時殁從先帝於崇禎甲申三月十九日辰時先是公知賊犯闕勸上命東宮撫軍南下循宋康王故事不聽請急檄關寧大帥兼程入援無令監視旁撓又請懸重賞募敢死士五百人可破圍召勤王師亦以爲無及是日聞賊踰城乃束帶向闕北謝天子南

謝太夫人畢索酒入齋酹壯繆像出就廳事南面結繯題
案云南都尚可爲死吾分也其勿衾棺以志吾痛遂自經
死頃之賊至問公安在則陳尸于堂矣各稱忠臣歎息而
去子會鼎扶櫬歸逢新命旌公忠第一贈特進光祿大夫
太保吏部尚書謚文正予祭五壇加祭一壇勅有司造葬
而時艱未就也會鼎乃權殯公於里第哭而請於予曰惟
夫子知先公不可以不誌也且夫子以身許國不可不亟
爲誌也予哭而應曰諾嗚呼公家世顯達位至九列攀髯
之日至不能營葬地清風介節葢可想見雖在於公爲細

行然奴隸小人之見有必以是爲質的者不可以不書公
世系在先瓊州雨田公墓誌中乃爲之銘曰青州文始春
秋著國南渡相土上虞是宅五世乃彰厥有戰克後秉高
尚邱園賁跡屈於南城乃領赤祉兩世而顯忤江陵者是
爲公父守八千石以宣大雅純德所苞是不一世崑崙宛
委蓋九萬里公踐寶笈以捫綠字頡籀捧丹佚盤舒紙董
貫而下服就徒季時吐虹舌以舐天髓日輪所經驪珠失
威雖有聖人式其崟嵜烏兎嫂之爲內外儀古鞠今通春
秋問荅譽之蒼函穹靡不合代言講篇應本憶草譽之環

漢緯靡不杲遂包黃姚以至七朝華騈實登鎔爲五金靡所不消策足立杓以瞰天地視古哲人如數馬尾猶有微畏朝聞夕死乃遂慨然扶彼橋山洗血佩弓而登紫關上帝豈蹈亦領厥報右顧而咳左顧而笑世亦有臣可謂知道何必籛鏗斟彼雉羹何必徙酖決踵復還而子繄材善讀而書罵雄譽原將登父車何必金吾乃爲萊娛嗚呼如公不以節著有其著之亦獲厥豎禪顏以文濟蘇以識楊游執經紹壺講德天壤之間亦大有人彈冠振裾翱翔太清何必同年棄笠毀車寶此區區如予者乎

徵士徐君墓碑銘　　本朝　毛奇齡

君仲山諱咸清上虞下管村徐氏歷世以科目爲京朝官祖諱隣萬歷壬午舉人僦居會稽父大司馬諱人龍與伯父諱宗儒同母兄弟同登萬歷丙辰榜進士伯父還下管而司馬公留會稽之稽山門家焉君生而慧一歲識字五歲通一經甫畜髮即能以官監生應鄉舉入場有文章名仲商夫人者大冢宰商公諱周祚女也國色與女兄蘇松巡撫祁公夫人俱能詩近世能詩家呼爲伯仲商夫人冢宰公還朝值司馬公以副都御史巡撫山東見君於官署

而愛之許爲婚姻會國變司馬公以大司農起用被召中
道旋返破產與兩浙巡撫黄鳴俊募閭左勤王不利南都
建號者仍以公與馬士英同掌本兵而公怒却之提一旅
歸與故總兵官王之仁屯之西陵名西陵軍　王師下江
東西陵軍潰司馬公狼倉走海上家人東西竄匿稍定而
君方重病且以國難遘家難意托落無生人趣及行嘉會
禮却扇驟見商夫人大驚曰吾以是爲王霸妻足矣乃就
故居稽山門辟寢前廣庭搆以藥欄設長筵當中發故所
藏書散堘之而對坐縱觀暇則抽牘各爲詩如是有年天

台老尼從萬年來遙望見夫人合掌曰此妙色身如來也蓮花化身相好光明既而咄嗟曰善持之善持之幾見曼陁長人間耶於是君與夫人約請各爲課程吾當著一書消此白日而子且從老尼請發願寫妙蓮花經三部以延其年何如夫人然之乃復自揣著何書吾研練經術久矣請合并羣籍而正定之以刺取其意與事之裨世用者箋之得屯之五曰小屯吉大屯凶曰猶之屯爾盜爲其小者而已於是著小學一書博取楊雄訓纂許叔重說文以及梁顧野王玉篇并後儒川篇篇海諸書以正字形取陸法言

切韻孫愐唐韻暨宋祥符景祐間廣韻集韻諸書以正字聲而於是縱考十三經子史文集暨漢唐宋元諸大小篇帖凡有繫於釋文者悉旁搜博採以正字義自一畫以至多畫合若干字合若干卷名之曰資治文字而夫人齋蔬性不喜肉食至是斷之日給粥一瓷酪一瓷金菊湯一瓷焚香滌指以辰申二時寫梵頁三番計三部合計所寫字二十萬八千有羸凡三年寫成會廣孝禪師大殿工竣三月尊者君方外友也率僧衆披衣拜於庭乞施二一部去供其一於殿極甍間周以朱木函而甃結之使風雨蟲鼠俱不

得餌而納其一於毘盧遮那世尊腹中綴以金銀寶珠而幕以綿拔趨鼓集大衆宣揚之其餘一部則送之天台萬年龍藏中以老尼從萬年來也康熙十七年　上開制科令京朝內外各舉郡縣有才學而堪與試者道府爭薦君君辭不得遂赴京先是閣中判詞頭照前代典例多用查議查覆諸字而高陽相公精字學謂字書無查字縱有之不作察解此必原判是察字而北無入聲呼察聲如查故訛查耳訛字何可用因啟奏　御前凡判詞查字俱改察字然終不解查與察沿訛之始至是應制科者紛紛至每

至必合數十人謁相公門下君進謁高陽相公徐詢曰察聲訛查有始平在坐無對者君逡巡曰漢書貨殖傳有之顧查爲在聲之訛非察聲訛也高陽瞿然曰何言之曰古在本察字爾雅曰在察也堯典在璿璣玉衡以齊七政是也第三聲呼在爲查以查與槎同漢書貨殖傳山不茬蘖卽槎蘖也而字乃從草而諧以在聲故在聲爲槎槎轉爲查則是查者在聲之轉也猶之在之又轉而裁爲財也若曰察之轉則是叉也差也察豈能轉查乎高陽遽色變乃復進曰察聲不轉查然而在卽察也改查爲察可乎曰不

可老子曰其政察察亦惟察名不可居故以在字隱察名而轉聲爲查若改察仍察察也然則查可乎曰可曰此則僕之所未聞也夫字必有義查字無察義而有在聲使徒以聲同之故而不顧其義則道可盜也曰道固不可盜而在則可查不觀在又爲裁乎在之爲裁察義同也然而裁之又爲財則無義矣裁可財則在可查矣裁之爲纔僅義同也然而纔之又爲才則無義矣才可纔則查可察矣高陽惘然謝而起其後三相錄試卷糊名然終不用益都相公薦於廷　上曰有著乎曰有曰何著曰資治文字資治

文字何謂耶曰字書也旁一相曰字書小學耳遂罷既而益都擬再薦不得君曰小屯吉吾向不爲大而爲小此屯也然而吉矣吾幸得歸矣初君到京時益都相公欲館君於邸會邸客將滿中有一客鄉人也作字補一書內有觿字註曰水雲角觿遂音妻而入角部中或以問君君曰呂覽曰水雲魚鱗未聞角觿也客大恨遂沮之至是欲再薦則同舍者沮之君歸而逍遥仍與夫人相對坐戀花觀書越十年庚午七月七日微疾卒子東女昭華皆有才名越中閨秀舊稱伯仲商夫人其後伯商夫人女有祁湘君者

繼夫人起而仲商夫人則昭華繼之旣而昭華名藉甚過於湘君嘉興曹侍郎曰自左嬪蘇若蘭後文章之盛無如徐昭華者昭華壻駱生名遂襄錦乃爲詞曰平原康樂席世勳兮將率妻子居之吳市門兮闔戶著書其閒情兮如何翁思復舉明經兮區區小學等曲禮兮食肉食肝不如歸故里兮特負畚者非鴻妻兮老萊童鴻反比之荀倩兮七月七日黄姑上天兮竊門虛左將駐此妙色身兮君有子過中郎兮千秋之室堂堂兮

祭文

祭潘左司文　宋　朱熹

維紹熙元年歲次庚戌七月癸丑朔二十有八日庚辰具位朱熹謹致奠於近故太平顯謨左司使君契丈潘公之靈嘗謂論世之學士大夫優於學行者政事之才或未必達精於政事者學行之趣或未必醇就使能兼二者之長則於去就出處之大節又或未必能無所愧也惟公文學之華行義之實既有以成於身而信於友及其典州郡殿藩服則其聰明仁愛精審持重所以惠柔良而讋姦暴者又卓然非今之從政者所能及爰及晚歲稱疾臥家懇避

詔除引義慷慨是其見幾之明守道之固應變從容不可回撓又足以闢讒慝之口而奪之氣嗚呼是亦可謂志力之備德業之全而無歉於爲人矣謂當復起及此聖朝卒究所施以慰士論何其奄忽遽卽夜臺凡在聞知莫不傷悼況熹不敏辱知最深書疏相尋間遺勸勉勤懇之至久而不忘聞訃失聲溺貫心折顧以衰病復窘王程逮此踰年始克布奠鄉風引首悲恨來并惟公不忘鑒此誠意嗚呼哀哉

祭豐宅之文　　宋　袁燮

嗚呼公平生長名門人品卓如長纔六尺膽大於軀見義勇於必爲見惡果於驅除若大川之決勢莫能禦若莫邪之刃利無與俱自參謀於宣幕如漸展於鴻圖洎丞郡於豫章憫疾疫之毒痛委巷窮閭徧歷勤劬人給之藥病者以蘇推是心於作牧達民情之慘舒推是心於建臺究拜用之盈虛當邊陲之驛騷兮闔寄於名都氣讋彊鄰誰敢侮予帝深念其勞勩俾易鎮於南徐俄一疾兮不起飛丹旐兮歸歟殊勳未立眞才先徂朝家失所倚仗壯士爲之長吁生輕財而重義歿傾囊兮無餘信淸敏之裔孫庶乃

祖兮無殊嗟我與公肝膽交孚屢貽我以書尺豁此心之鬱紆覬復接於誨言講濟時之規模此志莫酬愴焉欷歔念牽帷兮一慟纏衰病兮躊躇陳薄奠兮一觴表素心之區區嗚呼哀哉

上虞縣志卷四十八　文徵外編三

上虞縣志卷末

舊序一

張叔溫 至正戊子

自書載禹貢禮紀職方史志地理而後寰宇有記輿地有圖凡土地所生風氣所宜莫不采錄葢欲後之人因是而有所考焉耳上虞爲東越望邑由帝舜封支庶得名至正戊子余來引正茲邑問之故老皆曰是邑志書素無善本非缺典歟於是登進邑人張德潤使裒集之厥既成帙取而閲之則其書文而不俚核而有證古今事蹟搜抉無遺方古之作者殆庶幾焉復委學官余公克讓肅耆儒余元

老校正闔邑官吏士庶僧道相與贊助命工繡梓以永其傳是歲八月既望

二　　林希元

古者郡有志書縣道附見焉無專書今縣各有書好事者居是邦恥一不知稽考之多纂記之勤自成篇帙亦其宜也必其言文其事核足以傳遠以俟爲郡志者擇焉上之國史乃無愧余備員翰苑時獲覩華夷大一統志不能徧觀而盡識也出宰上虞見前志略而未備後志紊而無序於是爲之筆削咨之文獻采之民間正其訛鉄文其俚俗

不踰年而書成詳而不失之繁簡而不遺其要雖然郡志
以星分爲主縣邑以山川爲主區域旣明則凡風俗土田
戶口皆可類稽而臚分矣故爲書非難然必其言文其事
核去取增損有史氏纂記之風斯爲難耳書旣成諗於衆
曰此可傳遠而無愧乎衆皆曰可余爲敘其首簡

三　　　　郭　南正統辛酉

上虞山川勝槩與會稽埒自舜封禹治以來靈蹤秘跡殆
亦不尟然其清淑之氣鍾而爲人物者忠孝節義今昔相
仍賢達顯藏鄉邑間作況俗尙淳古素親耕讀猶有舜禹

之遺風寔爲越東望邑也古無書志肇自皇元至正戊子
縣尹雲中張叔温命邑民張德潤裒集成帙委學掾三衢
余克讓肅鄉儒余元老校正爲書甚不苟而或有未精者
也越幾年天台林希元由翰林出尹茲邑蒞政之餘因得
閱觀見其詳略未核類序無倫仍屬學掾句章陳子翬重
脩之子翬不輕取舍又稽論文獻著成如干卷復鋟板行
遠其用心之勤亦不下於張余矣後五紀餘大明永樂戊
戌歲朝廷頒凡例命郡縣儒生採搜山川人物古今事跡
戶口田糧等目編纂以進誠我朝稽古右文之盛舉也邑

民袁鏵得預編纂之末遺稿其兄鉉於課童暇輒取徧觀畧者詳之浮者核之鈌者補之紊者正之傅會而不純者芟去之彙成十二卷仍圖山川疆域于首正統辛酉公暇以此稿就余校正因念元季入我朝邑之事實不登載于志書者將百年久故後學於古今人物勝境靈蹤未能盡知遂重加考訂用貲刋刻傳遠庶來者知吾邑之槩云

四

葛棡 萬曆癸未

粵自禹敷土奠川疆域貢賦物產靡不登載於是後世圖志率因之越古揚州郡上虞其屬邑也元張侯叔温林侯

希元俱有志自永樂間郭志出遂盡毀無可攷見今郭氏志具在未免淺俗而又間徇己見是以輿論不能盡恊矧今物有變遷事有沿革既不可同日語而邑之治行人物亦宜隨時紀錄志其可以弗脩也哉嘉靖初朱三峯先生衮嘗屬草而未及詳定萬歷初督府徐鳳竹公栻以修志事行署篆府二守樂公頌聘陳罍山公絳及不佞柟柟謂纂脩之難無出於志昔陳壽號善敘述著史有紀傳而不克作志重其事也況余疏耄無能爲役辭之弗克亦以罍山氏素博綜百家而平日尤加意於虞乘者第以患疾出

所訂證者十餘事付予時判岳州姪焜以給葬家居其學識才行余所取信乃與之參互考訂綜之使會覈之使實約之使當亦聊輯見聞以備遺亡耳茲朱侯維藩政通人和稽古右文慨虞志之尙闕也亟圖其事屬余重裁定之彙成共十二卷其人物論撰則自朱侯獨斷焉余謂上虞秦漢及晉以來故稱名邑山水形勝不後於他邦是宜川嶽効職造化委權所產人倫忠義盈朝節孝連閭非偶然也迨我朝聖化漸摩神功默運則夫風俗之隆人才之盛經制之備嘉瑞之集當必有盛於昔者可不隨時補輯以

錄所未備乎故自歷代輿圖不同是以志建置沿革自列
宿度數有常是以志分野自山川異志民生異俗是以志
形勝風俗自設險守國是以志城池自均土地任土法是
以志貢賦自獻民數是以志戶口自命鄉論秀是以志學
校選舉自彰善表宅是以志人物自堪輿家補沙水之不
足是以志塔廟自五事得失有休咎是以志災祥自方外
多技是以志仙釋自長民貴重治化攸宜是以志宦績其
餘官師題名具列如右豈亦居宗國多徵辭之意與余志
在於述而恒歉於聞之不多僅能鈌疑傳信挂漏之罪其

庸追乎補鈌刪蕪以俟後之君子則史氏擇採自有神而明之者矣是役也朱侯其先得之余是以即今日共成之意而漫序之云

五

徐待聘 萬曆丙午

古者方輿志載或疏風俗或紀歲時者舊先賢典刑斯在陽秋檮杌懲癉攸彰要以各標所重旒綴緒餘炳然成一家之言若桑酈著水經以水植幹而奇聞異蹟亦靡不條附焉斯可槩覩矣虞於浙爲望邑山水清淑人物秀衍嫣姒以降郁乎有聞維是襟江負海陂澗四集水之功用尤

洽於邦邦之生齒含囁膏腴奚啻鉅萬輸庾奏帑以佐大
官分毫皆灌注之力宜莫急於水利者余從樂成量移受
事之初數延見父老問疾苦咸若志意壅閼生計稿竭將
無屯於膏而阻於澤水之用失歟爰討夏蓋上白皂李漳
汀諸湖之故道暨玉帶諸溪之廢趾大都棘口若有所諱
而志乘殘缺了不能悉爲檢薛氏通典及郡志則具言山
會諸湖之利後以漲河葑泥反致爲害因知此即謝康樂
請岯崲湖爲田之弊岯崲在虞境內已久湮而至今有盜
湖者夫亦謝轍相尋乎廼按湖而爲之周覽陂渠高下之

勢一視漢馬臻南北隄與石闥陰溝之法修築閘堰旱則
蓄以沾溉澇則決而注之海不令湖額侵於豪右漫自瀦
溢水之權遂爲我民操虞雖歲歲苦旱乎而歲獲大有艮
以得水之用甚大謂七十二湖非虞利源不可也夫諸湖
幾爲禾黍之場者以無徵無徵以無志況枚舉邑務則典
故之因革俗尚之澆漓戶口錢穀之數山田盈縮之額關
梁險易之由水陸物產之宜以至邱陵祠廟災祥變故之
紛賾又無一非所當究心者奈何以卮言視志置弗講乎
顧舊志正統初爲郭南氏所私纂是非舛錯大不理於口

南又舉宋元志付之祖龍二百年來盡扼腕信史之不復見也久矣萬歷丁丑余從祖鳳竹公栻撫浙始檄部中脩郡邑志於時前令朱公維藩屬葛陳兩先生秉筆又以彈射者衆雖嘗具草竟未成書脫余復墨守失今不輯將文獻愈無徵闕略愈甚代起者愈無從考信輒不量庸魯不避勞怨毅然謀以新之敢徼天地之靈訪民間得永樂古志抄本并陳葛兩先生志草二志較郭頗有裁於是敦請學博當湖馬君明瑞虞徵士葛君曉車君任遠總其成又進文學范延爵等數輩分理焉凡漢晉迄勝國時事強半

參互二志而折衷之嘉隆之近者務采鄉評愜輿論而止固不敢以成心負手亦不敢以屈筆負人而編內最條析者則水利爲重縱無桑酈徵引詭博而要其指撝鑿鑿將使湖利盡歸之民不爲康樂所請意固有獨至也籍成余竊有大懼焉紀事懼遺陳政懼疵稽古懼謬辨俗懼淆綜言懼不文臧否懼失真昔司馬遷絶代奇才又登龍門探禹穴捫九疑浮沅湘歷天下之大觀而後作史記尚不免寸割之譏矧戔戔者耶幸諸君子編摩校讐悉無隱處草創潤色競効衆長道法祖於聖經類例倣之列史蒐羅散

失刊落蕪穢體嚴而事核詞約而義精雖不能追蹤作者附於不朽之業而彰往告來庶足傳信無窮也已或者訾以無當於用且二百年來鮮克舉者烏藉吳儂者哆口爲嗟乎後之視今猶今之視昔且弗論披圖牒者尚友循良景行耆碩斑斑可考彼姚邱舜井孟宅曹江有不爛焉指諸掌者乎而余實假之梯航則於虞之山川人物豈曰小補云乎哉

六

張三異 康熙辛亥

古聖人治世之書大者稱典典者冊也兀而尊焉下者或

象物使民知神姦烏覩所謂稗官說文者乎而竹書誕太
甲穆傳荒崑崙正史弗登故天官曰書地理曰志志從地
也從地則親下親下則長民者事凡麗乎地與不麗乎地
皆得因地以綱維之忠孝可傳繪豳風七月之詩以進與
圖王會者等今之志虞邑則何如哉夫虞聖風也虞之後
不復有虞胡爲乎株林陳而巫矣吳季子觀樂至十五國
多所予奪爲之歌箾韶則曰觀止蓋韶之後無韶則虞之
後亦復無虞越何以虞哉雖然天下有治人無治法太羹
之味淡朱絃之聲一唱而三歎欲以虞之治治今猶之以

結繩治虞也不得也姝土何風孟侯作而明德愼罰可以移舊俗箕子封朝鮮司馬相如入邛筑風教不殊于遠近矧夫佩聖人之遺如虞邑者畝爾田黍與稷翼弗弱于鄰書在上庠禮在瞽宗發而爲服古匡時之器輩相望也何越之非虞抑虞之爲言樂也猶之唐言廣夏言大推其說而堯嶤舜僢禹寓義有取爾虞何弗樂乎然則有邑而樂之樂有虞則樂有志民其解愠而阜財者乎地其鼙鼓而軒舞者乎俗其家底豫而戸夔慄者乎昔有虞氏以孝治天下菁華而未竭矣考古者曰舜生于東土孟夫子曰諸

焉諸焉則誠東矣其爲九州之揚與靑無深辨者而越之東水曰姚江著其姓津曰百官著其事邑之爲虞有自來矣逾千百年曹女以孝稱亦名其江漢篆唐歌詳禹而畧舜詳會稽而畧虞邑葢闕如也然豈與夕陽古社荒草殘碑同一弔古而已哉昔有志今則新之是可以序

七

鄭　僑　康熙辛亥

虞邑乘之失記逾六十年所矣然井疆如舊山川依然其間嘯聚之所蹂躪鋒鏑之所加城郭廬舍之成毀何狀戶口之耗息幾何數也官長之撫字而教誨者善否奚政西門

豹鄧晨之蹟可復講與民力不殫與風俗大復古與譽髦登進奚若物產之阜蕃孰最也豈無狷志表於當年或有高情寄諸巖壑然則虞志之當編輯信不容緩矣茲大府漢陽張公綜貫經史旁暢百家登會稽探禹穴陟秦望之高峯想沼吳之餘烈行山陰道上尋禊蘭亭挹王謝之風流如相把臂凡曩昔奇蹤勝槩靡不屐至而神往之尤喜汲人才訪謠俗興利舉廢討求掌故欲使八百里土風人物輒一覽而囊括於目中故於方輿記載尤所重爰下教屬邑集思耆彥採綴遺聞裒成信典余惟虞舜封舊壤延

袤百里襟帶長江面山負海金罍檀燕仙人之都居釣臺東山名賢之古宅湖光練明海濤霜白誠越邑之巨麗也固宜有雅人雄筆揚扢簡書夫述往事貽來者別白是非采善而貶惡良史之事也稽古右文修舉敝墜考見民間得失以正風俗有司之職也余雖愧良史之才敢瘝有司之職乃延邑紳唐徐謝趙鍾諸君恪眘斯事所不敢者有五所難者有三不敢以曲筆貿眞不敢以柔腸阿俗不敢孤行一意以扞羣是不敢苟爲兩可以墮疑城不敢估一日予奪之權竟顚千古是非之案比事屬詞難於簡而盡

論定指歸難於婉而章考古斷疑難於辨而核存其五不敢去此三難庶幾評裁確苦記著麗明然後懸諸國門傳之來葉可以釋其責負免於唾洟六十餘年之闕畧燦然於圖牒間所以殫心民社而黼黻新朝者不無少補云

嘉慶己巳八元阮元

樂成崔君宰上虞之次年敷政惟寬年豐民悅于是稽圖攷籍以邑志多未備未潔請事重脩延績學者佐其事再歷寒暑書成請余爲之序余維志與史相表裏記載掌故

激濁揚清粉始者恆失之簡續脩者援引附會又失之煩必如新唐書之文減于前事增于昔而後可稱無憾焉上虞自有志以來屢經脩葺第越歲旣久津梁宮室之興廢田賦版圖之因革職官選舉人文物產之薈萃往往隨時增益先後不同君于簿書之暇能相與攷核補綴條析縷分不遺不蔓非獨盛舉爲不可及其才學識三者皆過人遠矣是役也搜羅編輯經理不倦邑諸生朱文紹之功爲多因并及之

嘉慶九年　崔鳴玉

嘉慶八年余奉
命來令虞涖政之餘取邑乘而觀之漫漶殘缺不可卒讀葢自康熙十年間鄭令僑脩後迄今百三十載閲時既久大而忠孝義節之顯晦水利農政之沿革細而民風物產之異宜道路橋梁之增廢考諸故老按諸圖經文歟獻歟僅有傳者慨然欲修之旋弖于役楚江又邑中同志乏人志焉未逮夫虞自秦漢以來素稱望邑地靈人傑於兹爲盛葢
國家深仁厚澤與民生養休息者已百五十餘年矣膺民

社者固宜激揚清濁振興文教庶幾風俗日茂人材輩出使不網羅放失及時纂修上備輶軒之采伊誰之責也夫歲乙丑復來令虞邑諸生朱文紹以重修邑志來請文紹工古文詞留心掌故素以闡幽發微爲己任余欣諾遂以其事白阮中丞元中丞許可適仁和李君方湛來主承澤書院講席遂屬偕文紹及邑諸生陳以莊龔沛輩編輯之而余亦於公退之暇相與商確考覈採訪務周決擇務當並舊志之闕者補之允者節之體例之未合者更易之自丁卯夏開局至己巳春蕆事中丞細加校閲爲作序弁諸

卷首嗟乎百餘年來賢士大夫不乏其人而竟遲之又久始得集事豈任事者之不力歟抑上與下之不克相與以有成耶爰不揣蕪陋識其顛末如右若夫修志之難前人言之詳矣茲不復贅

十　　李岱 嘉慶辛未

邑有志凡邑皆然不獨上虞也上虞爲東越巖疆甬江孔道山水清淑民物繁庶故志之爲尤亟予于乾隆乙卯秋捧大吏檄權知縣事入其境欲考其山川風土人物之詳意惟志是賴逮讀志乃康熙辛亥歲所纂修相距百有餘

年其間今昔不同應增修改削者難更僕數竊以爲欲治
虞必先修虞志志修而後治虞者可按部從事不若瞽之
無相然顧予代庖者也不兩月即瓜代去安能理及志事
以是此衷耿耿者十有餘年矣茲予復承乏是邑下車之
日詢及志知前邑宰崔君鳴玉修甫竣予狂喜稱快喜崔
君之先得我心也是志也邑諸生朱文紹輩採訪編輯正
於宰宰裁定間復加以論斷謂若者當愼守勿渝若者當
隨時增損若者當益求其精愷惻痌瘝眞父母之爲子孫
計長久者噫他人之治邑者治其及治者而已崔君以治

邑之宜著諸志俾繼之者得所循守是崔君於所不及治者皆治之繼崔君而爲治者皆崔君預治之朱生輩於因革損益之詳網羅勿失襄佐崔君積數年之勞而志成志成而崔君以遷轉去予以薄植步後塵惴惴焉惟恐覆餗得是志而手一編以爲前事師崔君其教我矣崔君去矣異日質疑問難與朱生暨諸父老尋求商確庶幾其寡過矣乎詩云不愆不忘率由舊章爰書此以爲他日驗

歷次纂修上虞縣志職名 書未見者不錄

正統志 邑民袁 鉉纂輯

邑人郭　南校正

萬歷志　　　上虞縣知縣徐待聘纂輯

上虞學教諭馬明瑞

訓導李　培

邑處士葛　曉

車任遠訂修

邑庠生范延爵

周一鳳

盧昌期

葉宜春

錢　珏校閲

康熙志

上虞縣知縣鄭　僑纂輯

上虞學教諭姜岳佐

上虞縣縣丞王衡才

邑舉人唐徵麟

貢生徐增燦

謝　僑訂修

趙履辨

鍾　彛校閱

嘉慶志

上虞縣知縣崔鳴玉主修

仁和生員李方湛

本邑生員朱文紹總修

錢塘生員朱金鼒

錢塘舉人陳邦泰

會稽生員王文潮

本邑生員陳以莊分修

平湖生員陳國器

武康舉人徐熊飛

本邑歲貢金　燨

生員龔　沛總校

生員陳綺樹

貢生俞　棠

歲貢趙　琴

生員倪　端分校

虞乘刊補　邑廩生沈　奎纂輯

虞志備稿　邑舉人王振綱

邑孝廉方正錢　玫總纂

邑附生俞廷颺

會稽廩生章　江

邑廩貢生王燕藻

孝豐學訓導邑廩貢生王鴻謀協纂

仁和附生關協華

邑人陳　晉

邑人王　棨繕校

上虞縣志　卷末　十六

重修上虞縣志後敘

德化　唐侯來宰吾虞前後凡十有四載興廢舉墜百事就理復以舊志散佚文獻無徵引爲守土者之責遂於光緒十六年銳意纂修命士黻總其成士黻自慙謭陋敢當斯任顧念生長是邦忝列薦紳纂續舊聞以詔來者固其分也重以　賢侯責成之命義不獲辭乃復私心竊計以爲己所不能求能者以自輔庶可善其事以報　賢侯平因薦山陰蔡君元培爲總纂秋九月開局於經正書院蔡君手條例言先定一書大綱屬藳甫就議者蠭起謂其文

古異驚俗別求明白易曉者卒不果用其說而蔡君亦適以有事去嗚呼書之成不成與成書之善不善殆有數存其閒也耶　士黻既絀於才識蔡君去後益復尟所折衷幸賴　賢侯信任之專得偕二三同志集所長以底於成然循用俗例卑無高論不過條陳故實藉資攷徵殆孟子所云其文其事者乎若夫義例精當卓然成家則自有蔡君之說在書既成略識顛末如此併載原擬凡例於左方俾後之踵是役而起者知所審擇焉光緒十有七年冬邑人朱士黻謹敘

原擬重修上虞縣志例言

一地篇爲縣境總圖一圖界若干方方當三里城鄉大山大水皆在也圖後識地域廣輪距所屬府治及布政使治及　京師里數厤代鄉保分合名目遷變部屬異同皆具而竟以古書分野近籍緯度也爲分圖若干圖界若干方方當一里城中爲圖一圖都里圖後識城中方若干里管若干里□里廣輪如何有古寺觀則記之附注□年建□年修有先賢第宅則記之附注今爲□氏宅東南西北鄉各爲圖若干每一鄉爲若干圖必經意使可分可合山水圖亦然

圖都里民居屯落及田野湖澤所占皆識也圖後識鄉都里廣輪之數及附識古寺老屋之屬如城圖爲山水圖若干城鄉大山小山經水支水皆圖也山麓及水所經由以里名標識之圖後志山以大山爲綱先表土名後述古目□山□書所謂□山也高若干丈云云□山之□東南西北若干里有□山云云其山有陵墓寺觀之屬皆志之志水以大水爲綱□水甲出□山□東南西北流若干里至□里有□水乙入之□水乙出□山□流東流西流南流北流云云入□水甲□水甲經□里行若干里至□里

入口或云入口縣境水流遷革有故道可考則著之所
經橋閘塘壩之屬皆詳錄潭湖溪渠因口水所會入通
逕若附近詳其開塞邕濬之由
一吏篇自知縣以下官名人數及所職皆詳之昔有今省
昔無今增則條其原委下逮府史胥徒之屬皆正錄其
數倣周官法也官人姓名則爲表各詳其里居號字出
身其有賢名無實事者於表後重錄名氏附注頌言考
語以俟考
一戸篇戸口都數山田夃地銀米雜稅鹽課章程皆詳舉

厤代異言方今定制而附志育嬰堂常平倉之屬水秋旱夏亦錄于茲至於廓摧積弊料量荒政長官棠蔭百年不移宜搜拾傳記删畧案牘裒錄大綱用爲法鑑而以土產竟爲倣山經怪物之志模齊民要術之編記庶物異名種蒔成法土產無用者不錄其爲害者推周官道地慝之法著之

一禮篇志祠廟在祀典者詳錄之其餘以類附記其有傳譌附會則考而正之放禮經十七篇志士民五禮之儀制核以　本朝通禮經傳古法而考其同異正其譌錯也

一兵篇志營汎在所古今兵數陽九百六之世敗類橫行海國窺伺取道所由縣境離其蠭毒保城要畧御寇幾宜故事有徵畢詳本末

一刑篇志厤年斷獄之多寡以觀治在昔長吏有若皋陶明信甫侯哀敬威惠相濟蔚爲治譜宜臚陳實事覽取要畧

一工篇志縣城及司所諸城建理年時徑袤道里高厚丈尺而舊城基止附錄也官師衙署城鄉公館皆詳志

一學篇學事皆志也學額及月課之屬附識書院義學之屬而表

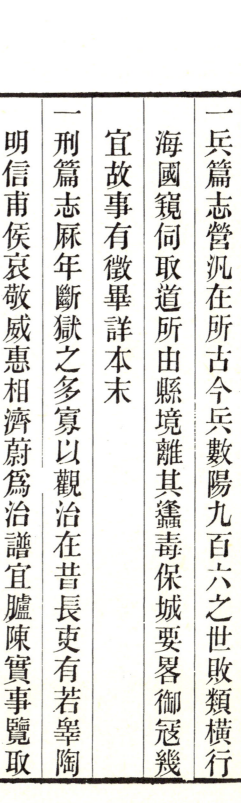

進士舉人貢生于後貢舉初基類起諸生則皆學官弟子也武進士武舉人亦起于武生亦屬於學故表於此篇孟堅作書用漢標目而有古今人表其爲表也則又通錄古人沓無漢士史家微意識者會之茲之所編纂附斯例

一書篇七畧讎書肇有部類後賢因之大都廣羅羣籍曾無斷限故斯例實宜至如明史藝文志之屬時代有域而篇部都富物以羣分亦馭緐之讜理縣志因人錄書志先賢著作而已卷帙不多尋省易了宜識作者名字

里居而以所作諸書繫也有著述百種橫占四部而推究宗旨言成一家則取其家法同同者輩比朋居疏舉犖犖申明義類每一書下或識存或識佚識未見大意可考務存略論

一碑篇上自漢魏下逮今茲石刻文字有關掌故土木功作人士行實以時代先後順錄其目附識立碑年月撰書人名在所地方其不資考證止重書法别爲附錄亦以時比之周秦吉金漢晉舊甓識於其後而以法帖殿也

一列傳事取正大義在法勸或一人專卷或多士同編因事立篇不局常故其有名存諸史事載前志而行皆瑣微無與後法言多渾敦不見實事都皆刊落入士女篇寓賢遺事取有關本縣者會而錄之列女遺事則倣劉子政范蔚宗之例人備才德事兼常變

一士女篇志忠義志節孝二者舊皆爲表夫表者事有關會而文難扶合故倣周譜旁行斜上之法以劑之旣取分明復得午貫鄭君詩譜序云欲知源流淸濁之所處則循其上下而省之欲知風化芳臭氣澤之所及則旁

行而觀之斯其所長也義士節婦各行其是不相爲謀
旣無仁聖知愚之等復無子孫曾元之系疆分高下畫
爲人表于義何居宜倣常道將士女目錄之例以時先
後比之至于前志有傳百家所記徒有賢名杳無事迹
本君子蓋闕之旨前史當考之云會錄姓氏附注傳言
歷代徵君旣不與貢舉同表有列傳未詳書篇不及名
字里貫亦著此篇封蔭諸君封者附于子蔭者附于父
旣非當王無取專條
一襍篇模範山水附會題目巨靈高掌姜頽城基如善長

注經子厚作記先民韻事文士雋言世說所存語林可
綴歲華瑣事禓儺遺風山農舊諺童嬰歌謠荆楚歲時
之編平西風土之記民閒奇行仙鬼傀譚采於稗官編
爲異苑諸如此比都是春華不關秋實文士有述而史
筆所刊第有助文章先師不廢過而存之儒林成法越
儆莊生外篇之後語晏子內篇之末章定著此篇以羅
柿札
一文徵文八聿牘詩家篇什敷陳古蹟備述舊事一切最
錄以事類比之鄉先所著爲內篇官師寓賢及留題之

作爲外篇

方志古侯國春秋之遺也綜古今之故會治教之契非如書林文藪備文士獺祭已也古圖經不可得見宋人遺籍已浸浸比類之書有明以來益復泛濫多用意於便繙易檢而不復爲因文見道之思鴻儒碩彥亦頗有高義雅言竟無以駕當世祖規孫矩之書而奪之權蓋積習使然也

國朝乾嘉間會稽章實齋先生崛起於百醉萬夢之中大聲而震蕈之推排羣言創定例目胎義於周官脈法於春秋象形於太史三條九貫載之通義言之重詞之複其

中必有美者焉雖鄉曲小儒讀其書思其義未有不心開目明如腹中言也上虞縣志創於元至正八年所謂張志者也其後有林志有明永樂志正統志萬厤朱志皆未見見萬厤徐志及　國朝康熙志嘉慶志萬厤志雖同俗例開見古歡康熙志一切因循無所變革至於嘉慶志增分門類區別子目類書體格於是成矣上虞與會稽比連文儒學子習聞章先生文史之教誠不宜因陋就簡違心徇俗今因章氏成例而畧變通之以適事體師古者得其意不必襲其貌例因事而立不彊事以就例皆章先生家法

也其於舊志有因有革衡之以理並非有意更張爰取舊名今目表於左方而推論其違異不同之故用紬古義申愚慮焉

目不錄

易食貨武備諸門而爲戸禮諸篇去名宦傳而散錄其事所以正名定分從時宜而通義例之窮也周官誦訓道方志鄭君謂四方所識久遠之事小史掌邦國之志鄭司農謂周志鄭書之屬外史掌四方之志鄭君謂春秋乘檮杌之屬此縣志之權輿也國縣異制縣官不得紀年不得專

大政事而司其地屬其吏子其民理其政事猶古諸侯也縣有吏戶禮兵刑工六房以當六部六科則尤侯國遺意也謂國史以諸侯爲主縣志不得以縣官爲主夫人而叱之謂食貨諸門非吏戶之屬謂吏戶之屬非縣官所理亦夫人而叱之而縣志既有食貨武備諸門而又爲縣官作名宦傳以附於人物此大謬也不附人物而既已目爲名宦傳則且與儒林孝義之屬相類而與所謂食貨武備者不相謀亦大謬也此名不正而分不定者也掘根圖源則由以吏戶諸房之名爲可醜而樂襲舊志古雅之目謂萬

不可易襲食貨則保息荒政無可附襲武備則兵事始末
無可附而舊志又素無刑法刑罰之目則昭雪奇寃誅鉏
豪彊之屬愈復無可附泥其名則局其事以塞之而羅其
事之無可附者以爲名宦傳此名不正而以窮其例亂其
分者也今通其窮藥其亂則莫若廓醜今華古削趾適屨
之成例而實事求是因實以定名昔者實齋先生創爲吏
戶禮兵刑工六書以破刻舟之成見明從宜之大義夫惟
大雅卓爾不羣後學所爲法也而其書體倣通典掌故攸
識而事實不詳乃刪約治譜以爲政略政略之得體與名

宦傳之失體相去不可里計也而六書所著皆天下大同官書備錄纖悉求具則迻書一切有同鈔胥攬取大要則寥寥數言徒張篇幅左右佩劍其失同同此則章先生椎輪初定未盡輿輅之制蠶叢既闢猶闕衢康之規者也今將因先生未竟之緒而大因而小變之嬗通典之體而行以太史八書蘭臺十志之法以備古今之故鑄正事之鑑尊長官合時宜追古國史之遺意諸義咸具庶無憒焉或曰縣志以縣官爲主宜吏篇居首而先地篇者何也此用華陽國志例也地篇當巴志漢中志蜀志南中志吏戶諸

篇當公孫述劉二牧志劉先主志劉後主志大同志李特雄期壽勢志列傳士女篇當先賢士女總讚後賢志益梁甯三州先漢以來士女名目錄常道將蜀李舊臣其書如此數千年來無非之者前事爲師非我作故

上虞縣志卷末

山陰許繼仁刻字

重修上虞縣志附錄

采訪及勸捐紳董姓氏在局者不復錄

任　駿舉人前署浦江縣訓導　王濟清舉人中書科中書

夏鍾濬舉人　謝　煦廩貢候選訓導

曹官俊拔貢　錢振鎬副貢遂昌縣教諭

朱孔陽副貢候選教職　朱贊湯副貢候選教職

陳寶成廩貢　徐　襄生員

經元善三品銜候選知府　經元智附貢儘先訓導

經　湛同知銜　經　文中書科中書

陳渭同知銜二品封職　袁天錫三品銜候選道

袁崙知府銜　陳學源附生刑部主事

屠成燕同知銜　連芳五品銜候選州同

連蘅歲貢儘先訓導　王耀紱同知銜

謝步瀛附貢前署湖州府訓導　曹思紳同知銜

縻祖揚生員　季汝賢中書科中書

柴毓秀恩貢候選直隸州州判　王渭歲貢

莫崧國子監典籍　朱蓀壽廩生

朱其瑞州同銜　陳鑒堂生員

黃維翰恩貢　黃誠祈廩生
金鼎增貢儘先訓導　劉倬廩貢
成人美歲貢　王澤鎬附貢
宋光簡附貢　杜倬周附貢
錢培廩生　葛鴻逵生員
夏光熊職員　俞琨職員
顧家翙生員　谷震五品銜
田樹敏監生　胡潤候選州判
黃應熙生員　王煥章生員

金時和 職員　賈汝昌 生員
錢慶祺 生員　徐丙埜 生員
許德銓 生員　趙之濂 生員
連賡墉 生員　葛震鏞 生員
錢錦城 生員　黃鍾翰 生員
宋士蘭 生員　陳　兆 生員
倪一清 生員　王　墀 生員
錢振鈿 生員　錢葆誠 生員
錢尚翰 生員　徐　智 生員

徐祖烈生員　馮　淦生員
徐　斐生員　金谷詩生員
陳祖虞生員　俞功叙生員
何煥猷生員　陳　鎬生員
金祖錡生員　朱懋亮生員
陳士莪生員　張毓枏譽棟生員
許汝龍生員　王之藎生員
丁燮祥生員　陸　鏗監生
謝龍光職員　張祖良監生

高亮臣監生　金澍監生

俞鯉翔監生　羅憲章監生

馮文治監生　馮志健監生

朱堯監生　徐昌齡監生

姚秉震監生　徐步堂監生

王化宇監生　譚兆泰監生

丁載清監生　龔紹漢儒童

捐戶姓氏

山東巡撫張曜　三百元

陳仁趾堂 八百元 袁九如堂 五百元

連拔俗堂 五百元 顧興麟堂 四百元

周貽燕堂 四百元 趙恩元 三百元

夏倫叙堂 三百元 周凝遠堂 三百元

郭餘慶堂 三百元 經欲仁堂 三百二十元

周乃鑌 二百元 嚴傳經堂 二百元

章成志堂 一百五十元 王濟美堂 一百五十元

朱二南堂 一百四十元 王種義堂 一百二十元

十九都 一百八元 扶風隱名氏 一百元

王峙山 一百元　劉杏林 一百元
袁介堂 一百元　凝遠堂張 一百元
敬慎堂金 一百元　羅寶墉 一百元
谷遺德堂 一百元　麋壽凝堂 一百元
朱霞城 一百元　敦本堂朱 八十四元
周芳圃 八十元　俞甫田 八十元
衣德堂朱 七十元　詒德堂高 六十元
陳邦彥 六十元　錢朝俊 六十元
車玖 六十元　朱旌直堂 六十元

季崇信堂　六十元　陶紹修堂　六十元

賈務本堂　六十元　雲閣堂余　五十五元

管得中　五十二元　胡善甫　五十元

陳禹範　五十元　陳慶惠　五十元

陳廷俊　五十元　查湖進士第朱　五十元

柴安甫　五十元　經習之　五十元

金掄卿　四十六元　姚虛谷　四十元

謝琴舟　四十元　錢福清　四十元

何甯遠　四十元　何笏堂　四十元

溫玉照堂	四十元	梁圓中	四十元
顧綸褒堂	四十元	俞孝思堂	四十元
仁德堂	四十元	樹德堂葉	四十元
林日宣	四十元	王廷鈞	三十八元
張聚和	三十五元	許孝思堂	三十五元
陳懷德堂	三十五元	錢連潮	三十五元
管職勳	三十二元	袁承齋	三十元
貝大綱	三十元	林大本堂	三十元
省三堂王	三十元	陳尚問	三十元

宋留餘堂　三十元　錢汝珪　三十元
章星齋　三十元　邵德泰　三十元
戚昌年　三十元　董三寶　三十元
董六一　三十元　沈桂英　三十元
陳紫電　三十元　曹倚文　三十元
曹子章　三十元　羅辰川　三十元
俞增茂　三十元　經營之　三十元
陳國賢　三十元　陳永春源　二十八元
謝少安省吾　二十六元　單丹墀　二十六元

馬　墉　二十六元　馬　城　二十六元
葉永大　二十六元　單丹楹　二十六元
王日照　二十五元　夏鏡湖　二十五元
梁寶三　二十五元　吳王氏　二十五元
陳兆安　二十五元　俞　惠　二十四元
金杏堂　二十四元　張國海　二十元
大元堂　二十元　徐瑞祺　二十元
周壽鼎　二十元　陳駿彥　二十元
單朱氏　二十元　丁祖培　二十元

陳霞軒　二十元　謝又香　二十元
徐寅恭　二十元　施元彪勳春　二十元
錢　煥　二十元　俞水心　二十元
何少卿　二十元　俞幼卿　二十元
王時化　二十元　葉貽謀堂　二十元
謝子燕　二十元　王逸齋　二十元
曹逵亭　二十元　陳慎之心耕　二十元
單丹榮　二十元　俞沛亭　二十元
俞鼎亭　二十元　俞建卿　二十元

曹仙槎 二十元　顧居易堂 二十元

羅師德堂 二十元　董家山倪氏 二十元

朱鴻儒 二十元　陳德新 二十元

謝子松 二十元　范孔傳 二十元

楊逢春 二十元　馮德慶堂 二十元

顧思倫堂川記 二十元　篤義堂葉 十八元

謝漢章 十八元　闞全昌 十八元

又新堂朱 十八元　范東山 十七元

王曲江 十六元　徐才隆 十六元

徐明標　十六元　一里沈氏　十六元
厲式屠銓劉漢　十六元　張友堂　十六元
謝良汝廷玉　十六元　一里朱氏　十六元
魯裕源　十六元　王隆興　十五元
張芝亭　十五元　姚咸亨　十五元
陳成記　十五元　龍童發　十五元
陳又坡　十五元　王正來　十五元
厲秉忠　十五元　阮金奎　十五元
仁聚堂朱　十五元　趙思位　十五元

趙思旺 十五元 董秋桂 十五元
石仰樓 十五元 石叙卿 十五元
石廷灝 十五元 石烈夫 十五元
錢仁 十五元 俞學高 十五元
永思堂杜 十五元 萬少蓉 十五元
董萬榮 十五元 俞錫龍 十五元
俞錫壽 十五元 王子珊 十五元
陳竹亭 十五元 鶴蔭舍俞 十五元
陳雲祥 十五元 萬琢玉震甫 十五元

管桂馨　十五元　金友法　十五元
俞乾美　十五元　孫　校　十五元
謝晉秀　十五元　吳裕正　十四元
葛一清　十四元　陳如三　十四元
周太初　十四元　陳玉書　十四元
謝家岸　十四元　楊寶慶堂　十三元
王槐茂堂　十三元　趙燦道　十二元
丁海泉　十二元　謝卓人　十二元
俞錫慶　十二元　劉　鍾　十二元

俞錫邢 十二元 陸淮水 十二元
沈允元 十二元 金祝三 十二元
沈茂材 十二元 俞右軒 十二元
梁渭川 十二元 三里王氏 十二元
朱丹山 十二元 王景山 十二元
貝大賁 十元 貝大忠 十元
貝大賚 十元 貝大勳 十元
貝大任 十元 吳古香 十元
厲生記 十元 陳咸齋 十元

陳柏泉　十元　陳連品　十元
愼永堂俞　十元　王小蘭　十元
徐得宣　十元　徐長青　十元
徐遵禮　十元　丁慶餘堂　十元
戴倍林　十元　田廷惠　十元
田玉棠　十元　田葆三　十元
田錦文　十元　田長興　十元
田東芳　十元　謝芸香　十元
劉少安　十元　劉錫祺　十元

劉鶴洲 十元 陸周雲 十元
周國楨 十元 劉開緒 十元
周芝培 十元 倪星瑞 十元
張建亭 十元 孫志剛 十元
章介甫 十元 王槐澤堂 十元
王春銘 十元 王春來 十元
顧繼宏 十元 俞竹香 十元
杜思則堂 十元 許曙東 十元
徐嶺香 十元 藕舫居 十元

胡純齋十元　徐成性十元
徐雲來十元　任文熙十元
沈月中十元　朱原本十元
一里任氏十元　鮑春山十元
顧思倫堂標記十元　杜倬周十元
陳桂陸九元　俞仁奎九元
陳冠虞九元　趙福元九元
李兆福九元　趙金岳益昌九元
王貞元八元　陳允昌八元

陳春茂 八元　朱信祥 八元
萬聲聞 八元　陳紹成 八元
董式江 八元　夏聘三 八元
陳兆鑑 八元　笆衕王氏 八元
周如來 八元　陳雲章 八元
錢成美 八元　一里史氏 八元
朱明奎 八元　張彩華慶記 八元
吳永勝 七元　王春拾 七元
黎文淮 七元　胡寶豐 七元

陳樂咸　七元　　謝蔭培固　七元

徐長發　七元　　車雨田　七元

葉善章　六元　　陳鳳燦　六元

謝憲堂　六元　　謝申如　六元

陳駿惠堂　六元　　張亨潮　六元

張濟川　六元　　張王氏　六元

張亨海　六元　　趙天高　六元

朱丙耀　六元　　鮑阿五　六元

王恒升　六元　　許繼學　五元

許光生　五元　屠春木　五元
陳益川　五元　陳永炎　五元
謝贊相　五元　王金鳳　五元
俞文治　五元　謝家餘玉　五元
丁通貴　五元　包懋德　五元
劉桂祥　五元　車崇義　五元
陳幼亭　五元　趙貴龍　五元
鄭楠　五元　陳常　五元
湯後滎　五元　馬增福　五元

王望尹　五元　周阿申　五元
朱明德　五元　沈增林　五元
徐小備　五元　象田東吞任氏　五元
徐豫順　五元　徐升階　四元
徐福昌　四元　徐景棻　四元
趙開記　四元　趙增喜　四元
趙同記　四元　潘長賢　四元
魏寶田　四元　田楚朝　四元
嚴生南　四元　徐溪南　四元

沈雲昇　四　元　林道王　三　元

徐大經　三　元　徐先茂　三　元

唐桐徐　三　元　齊阿耀　三　元

徐萃源號　二　元　徐朝雲　二　元

徐鳳祥　二　元　錢阿田　二　元

錢阿羊　二　元　齊阿榮　二　元

上共捐洋一萬二千一百四十五元

圖賑移奬願捐入志各戶姓氏

漢鎮各善士　三百五十元　王濟清　三百三十元

零星各戶　一百三元　零星各戶　七十二元
無名氏　七十元　思求闕齋　七十元
零星各戶　六十六元　經退思居　五十五元
謝琴舟　四十九元　謝少省記　三十八元
宋静仁彬山　三十八元　俞維孝堂　三十七元
健記　三十元　謨記　二十八元
羅寶鏞　二十八元　經欲仁堂　二十八元
謝笠湖　二十六元　施元彪勳春　二十五元
袁九齡　二十五元　袁姓族房　二十五元

不留名　二十四元　　楊寶慶堂　十八元
康記　十八元　　道記　十六元
謝汝玉　十六元　　謝卓記　十六元
王練江 立三 浚淙　十六元　　袁月潭　十五元
陳吾會氏　十五元　　馮文衍 治 墉　十五元
曹子章　十三元　　陳積善堂　十三元
羅辰川　十三元　　陳峰青　十二元
張公記　十二元　　謝莊郵　十二元
馮文蔚 煥　十元　　謝憲堂　十元

陳雨庵十元　隱名氏十元
謝申如九元　馮公積户九元
羅行恕堂九元　謝聲廷餘玉八元
謝陳氏八元　謝祖蔭培八元
陳駿惠堂八元　陳增秀八元
謝鳳林八元　經會星八元
曹綺文七元　謝良玉七元
王承盛七元　馮蘭亭七元
陸上達七元　田玉棠七元

陳增高　七元　袁小帆　六元
田琢齋　六元　隱名氏　六元
不留名　六元　陳元隆號　五元
蔣大有　五元　袁亞軍　五元
楊朝元　五元　陳治卿　五元
袁佐陶　五元　張鰲書　五元
張西山　五元　陳存仁堂　五元
陳雲岩　五元　馮益長　五元
馮求己戶　五元　陸秀林　五元

李九如堂　五　元　　湖東釣叟　五　元
黄新林泰行　四　元　　心田氏　四　元
問心子　四　元　　謝士山　三　元
袁均貴　三　元　　馮賡臣　三　元
馮肇康　三　元　　田錦文　三　元
長興號　三　元　　田起生　三　元
田湘林　三　元　　胡善甫　二　元
袁益齋 永豐　二　元　　張集成　二　元
補過氏　二　元　　馮肇鈞　二　元

田建庸　二元　田梅卿　二元

田開德　二元　田采章　二元

田子余　二元　星記　二元

田純學　一元　田尙福　一元

楊旦書　一元　田子畦春霖　一元

經天申老日盛　一元

上共捐洋一千八百七十五元

統共捐洋一萬四千二十元

支用

光緒十六年九月開局起至十八年春裝釘成書共用採訪纂校繕寫測繪刻印紙張伙食盤川置備傭值及一切雜款等洋一萬一千二百九元三角九分逐款細目按月造具清册送縣查核盖章禀報在案不及詳載

由縣提解直賑洋一千五百二十元收回售票洋五百九元三角九分淨提賑洋一千一十元六角一分

由縣撥存詒福阜成兩典公車費洋一千五百元奉批照會經正書院董事管理按年八厘起息以光緒十八年正月爲始立摺記數取領備查年終臘月初一日交息所得息洋以四成寄京作上虞會館歲修費以六成存作閤縣舉人會試費照向章到京分

送嗣後無論何項公事不准提
用此款以垂久遠而益士林
由縣撥付西北鄉創設月課洋三百元交首士金鼎
經有常收領
以上捐用核訖惟陸續售銷志書及置備各物除
庋書留用外變價發賣之洋另購
書若干部永存經正書院使住院肄業諸生
知經史之要略掌院四季檢查免致遺失

上虞縣志附錄